W0190568

»Mein Leipzig lob' ich mir! Es ist ein klein Paris«, schrieb einst Johann Wolfgang Goethe, der in der Messe- und Buchstadt Leipzig studierte, hier seine ersten Gedichte veröffentlichte und auch in späteren Jahren mehrfach in die Stadt zurückkehrte. Wer die nur etwa einen Kilometer im Quadrat messende City Leipzigs durchschreitet oder sich hinausbegibt ins Rosental und nach Gohlis, der begegnet außer ihm zahlreichen Schriftstellern, Musikern oder bildenden Künstlern: In Leipzig geboren wurden u. a. Carl Sternheim, Richard Wagner und Max Klinger; an der Leipziger Universität studierten Johann Christian Günther, Klopstock, Lessing, Jean Paul, Nietzsche, Hans Carossa, Ernst Jünger, Erich Kästner, Uwe Johnson, Christa Wolf, Volker Braun oder Christoph Hein. Schiller arbeitete hier an seinem Don Carlos und wurde zur Uraufführung seiner »Jungfrau von Orleans« in der Stadt gefeiert, wie Albert Lortzing als Schauspieler, Sänger und Dirigent.

Werner Marx, 1937 in Leipzig geboren, viele Jahre als Deutschlektor hier und im Ausland tätig, begleitet seit 1994 Besucher Leipzigs mit thematischen Führungen durch die Stadt und publiziert zu ausgewählten Themen der Stadtgeschichte.

Margit Emmrich, 1949 in Chemnitz geboren, hat von 1969 bis 1974 Fotografie an der Hochschule für Grafik und Buchkunst in Leipzig studiert; sie lebte von 1981 an im Westen Deutschlands, seit 1994 als freie Fotografin wieder in Leipzig.

insel taschenbuch 3253
Leipzig

Der junge Goethe am Naschmarkt

Leipzig

Ein Reisebegleiter
Von Werner Marx

Mit farbigen Fotografien
von Margit Emmrich

Insel Verlag

insel taschenbuch 3253
Erste Auflage der erweiterten und aktualisierten Neufassung
der Ausgabe von 2001
© Insel Verlag Frankfurt am Main und Leipzig 2007
Alle Rechte vorbehalten, insbesondere das der Übersetzung,
des öffentlichen Vortrags sowie der Übertragung
durch Rundfunk und Fernsehen, auch einzelner Teile.
Kein Teil des Werkes darf in irgendeiner Form
(durch Fotografie, Mikrofilm oder andere Verfahren)
ohne schriftliche Genehmigung des Verlages reproduziert
oder unter Verwendung elektronischer Systeme verarbeitet,
vervielfältigt oder verbreitet werden.
Vertrieb durch den Suhrkamp Taschenbuch Verlag
Quellennachweise und Hinweise zu dieser Ausgabe
am Schluß des Bandes
Umschlag: Elke Dörr
Satz: Hümmer GmbH, Waldbüttelbrunn
Druck: Nomos Druckhaus, Sinzheim
Printed in Germany
ISBN 978-3-458-34953-2

1 2 3 4 5 6 – 12 11 10 09 08 07

Inhalt

Leipzig

Bei einem der innerstädtischen Spaziergänge werden wir auch einmal vor der *Alten Börse* am Naschmarkt stehen. Sie wurde am Ende des 17. Jahrhunderts erbaut. Von der Balustrade schauen zwei Herren auf uns herab: rechts Merkur und links Apoll. Die beiden Damen Minerva und Venus, die die Hinterfront des Gebäudes zieren, bleiben unseren Blicken verborgen. Ein Stadtpoet schrieb 1687:

> Hat Kunst und Wissenschaft hier Leipzig groß gemacht,
> So hat es fast noch mehr die Kaufmannschafft erhoben;
> Drum steht Mercurius mit seiner Flügel-Tracht,
> Und nicht Apollo nur mit seiner Harfen, oben ...

Ohne Zweifel ist das älteste Wesenselement der Stadt der Handelsaustausch. Die slawische Siedlung Lipsk (von altsorbisch Lipa = Linde) lag auf einer Geländeerhebung östlich der Elsteraue und an der Kreuzung mittelalterlicher Handelsstraßen, vor allem jener von West nach Ost, der via regia, auf der im 10. Jahrhundert der Vorstoß der deutschen Feudalmacht ins Slawenland erfolgte. Das Haus Wettin, das mit der Markgrafschaft Meißen belehnt wurde, erhob diese Siedlung Mitte des 12. Jahrhunderts zur Stadt und erteilte ihr das Marktrecht. Ohne es bis zur Freien Reichsstadt zu bringen, entwickelte sich in Leipzig ein selbstbewußtes Bürgertum, das zu allen Zeiten durch den Zuzug aus anderen Gegenden, auch fremdsprachigen, gestärkt und dynamisiert wurde. Ende des 15. Jahrhunderts gelang es der Stadt, dem künftigen deutschen Kaiser Maximilian I. Privilegien für die Abhaltung der Messen abzukaufen, die Leipzig eine Vormachtstellung unter den konkurrierenden Städten im mitteldeutschen Raum sicherten. Seit August der Starke die polnische Königskrone trug, wurden die Handelsbeziehungen zu den osteuropäischen Ländern, Polen und Rußland vor allem, zum Spezifikum des Leipziger Handelsplatzes.

Neben Handel, Gewerbe und Industrie – durch Merkur repräsentiert – war es die Universität – für die hier Apoll steht – die den Ruf der Stadt verbreitet hat. Dazu trugen Lehrer wie Studenten bei: unter ihnen Goethe und Nietzsche, Wundt und Heisenberg, Litt und Bloch. 1409 vom Landesfürsten als sächsische Landesuniversität gegründet, also 2009 sechshundert Jahre alt, gilt sie heute nach Heidelberg als die zweitälteste Universität Deutschlands, die ohne wesentliche Unterbrechung von Anbeginn bis in die Gegenwart gearbeitet hat. Seit Jahrhunderten strahlte die Universität auf das städtische Leben aus; Theater, Musik, Rechtsprechung und Verlagswesen sind durch die Aktivitäten ihrer Gelehrten befruchtet worden.

Die beiden Herren da oben könnten eigentlich dichter beieinander stehen, denn seit dem 18. Jahrhundert hat die kunstsinnige Leipziger Kaufmannschaft, zusätzlich stimuliert durch ihr Repräsentationsbedürfnis, das kulturelle Leben der Stadt geprägt. Die Bürgerstadt Leipzig entwickelte ein anderes Flair als die Residenzstadt Dresden. Die Kunstsammlungen der Kaufleute Richter und Winckler waren bedeutend. Das Große Konzert, aus dem das Gewandhausorchester hervorging, wurde finanziell von musikliebenden Bürgern getragen. Ein Kunstverein von Kaufleuten, Verlegern und Industriellen, die graphische Blätter, Gemälde und Plastiken sammelten, brachte seit Mitte des 19. Jahrhunderts die Bestände eines ›Bildermuseums‹ zusammen. Zahlreiche Stiftungen haben bis ins 20. Jahrhundert hinein den Erhalt der kulturellen Substanz dieser Stadt gesichert.

Das Bürgertum war die tragende Kraft, erst recht, als seit den 8oer Jahren des 19. Jahrhunderts die Industriestadt Leipzig die alte Handelsmetropole an Wirtschaftskraft übertraf.

Die Zerstörungen durch den Zweiten Weltkrieg, die sowohl Gewerbebetriebe wie Kulturstätten auslöschten, und die Enteignungen der Nachkriegszeit im Osten Deutschlands, die nicht allein die Konzernbetriebe, sondern auch die mittelständischen Unternehmen erfaßten, haben das Bürgertum als Klasse nahezu völlig eliminiert, so daß es heute kaum noch als traditionserhaltende Kraft wirksam werden kann.

Kultur aber ist ein Standortfaktor; dies ist besonders im Osten Deutschlands relevant. Hier muß nicht nur Merkur Apoll hilfreich zur Seite stehen, sondern auch umgekehrt Apoll Merkur.

Die Wende von 1989/90, deren Impulse maßgeblich von Leipzig ausgingen, bedeutete eine tiefgreifende Zäsur in der Geschichte der Stadt: Die »Wende« (zwar kein wissenschaftlicher, aber ein sehr gebräuchlicher, weil knapper Begriff) und die Vereinigung Deutschlands haben das äußere Bild der Stadt, die ökonomische Struktur Leipzigs und das soziale Gefüge seiner Menschen nachhaltig verändert. Wir werden deshalb bei den Spaziergängen auch auf die Wandlungsprozesse zu sprechen kommen, die die Stadt durchgemacht hat und die noch im Gange sind. Deshalb machte eine zweite Auflage, die sechs Jahre nach der ersten erscheint, Aktualisierungen in vielen Textpassagen der Rundgänge notwendig.

Der Leser wird unter den Schriftstellern, Publizisten, Verlegern und Gelehrten mehrerer Jahrhunderte bekannte, weniger bekannte oder gar unbekannte Namen finden. Wir bleiben bei den Spaziergängen dort stehen, wo einer von ihnen gelebt, studiert, gearbeitet hat. Wir rufen uns ins Gedächtnis, was an Eindrücken von der Stadt oder vom gelebten Leben in Briefen, Tagebüchern und Erinnerungen festgehalten wurde. Wir entdecken, wie Vergangenes und Gegenwärtiges dieser Stadt in die literarische Verarbeitung eingegangen ist. Daß der Autor der Texte die berühmten Namen der Leipziger Musikszene und der bildenden Kunst nicht beiseite lassen konnte versteht sich, zumal Bach und Mendelssohn Bartholdy, Oeser und Klinger enge Beziehungen zum Wort und zu den Schriftstellern ihrer Zeit hatten.

Den bedeutenden baulichen Sehenswürdigkeiten Leipzigs wird gebührende Aufmerksamkeit geschenkt, sie bilden häufig die Orientierungspunkte der Rundgänge.

Erster Spaziergang

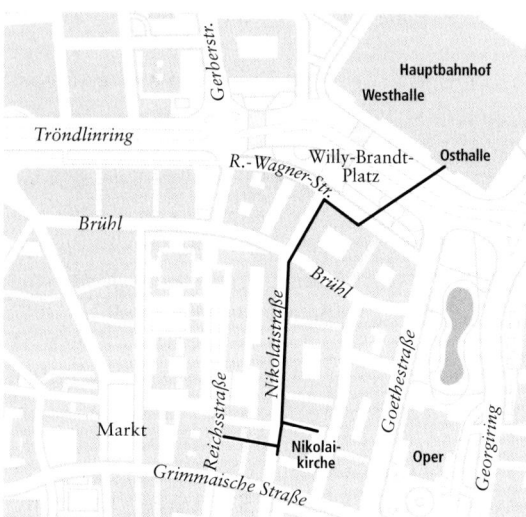

Vom Hauptbahnhof zur Nikolaikirche

Auf dem *Leipziger Hauptbahnhof* wollen wir den ersten literarischen Stadtspaziergang beginnen.

Eine »Kathedrale des Verkehrs« hat man diesen Bahnhof gern genannt. Eine Metapher für Überwältigungsarchitektur. Sechs mächtige Bogenhallen aus Stahl, Stein und Glas überspannen die ursprünglich 26 Gleise. Der Querbahnsteig mit einer Länge von 270 und einer Breite von 33 Metern und den großflächigen Oberlichtfenstern ist ein gigantischer, lichtdurchfluteter Raum, dazu bestimmt, Tausende von Menschen aufzunehmen, sie den Zügen oder den Ausgängen zuzuführen.

Der Leipziger Hauptbahnhof, 1915, nach dreizehnjähriger Bauzeit fertiggestellt, ist mit Geschichte erfüllt. Aus den Schulbüchern wissen wir, daß die erste Ferneisenbahn Deutschlands 1839 von Leipzig nach Dresden verkehrte. Blicken wir vom Querbahnsteig zum westlichen Seitenausgang nach der Kurt-Schumacher-Straße, dann sehen wir auf hohen Sockeln die Büsten von Friedrich List und Gustav Harkort, der eine der Anreger des Eisenbahnbaus, der andere einer der privaten städtischen Unternehmer für diese erste Bahnlinie. Neben dem Dresdner Bahnhof (1839) entstanden bald der Magdeburger, der Thüringer und der Berliner. Aus Gründen der Zweckmäßigkeit und der Konkurrenz kamen Sachsen und Preußen überein, auf dem Areal dieser Bahnhöfe gemeinsam einen Zentralbahnhof zu erbauen. Der Stadt Leipzig konnte es nur recht sein, auch wenn alles gedoppelt wurde: die Bahnhofsverwaltung (bis 1934!), die Eingangshallen, die Wartesäle, die Gepäckabfertigung. Die Monumentalität des Leipziger Hauptbahn-

Leipziger Hauptbahnhof

hofs prägte zusammen mit dem Neuen Rathaus (1905) und den imposanten Messepalästen den großstädtischen Charakter von Leipzig, das mit einer Einwohnerzahl von 590 000 (1910) zu den größten Städten Deutschlands gehörte.

Amerikanische Bomber, die gegen Ende des Zweiten Weltkrieges die Lähmung des deutschen Verkehrsnetzes zum Ziel hatten, beschädigten Anfang Juli 1944 den Hauptbahnhof schwer. Der Wiederaufbau nach dem Krieg dauerte bis 1965. UWE JOHNSON, unser erster literarischer Gewährsmann und einst Student der Germanistik an der Leipziger Universität, worauf wir später noch kommen werden, erinnert sich im »Dritten Buch über Achim«: »Den Querbahnsteig hatten Bomben im letzten Kriegsjahr bis in die untersten Stockwerke der Lagerräume aufgerissen, noch vor der Kapitulation wurden Zementplatten verlegt und unter ihnen Böden neu eingezogen, bis vor wenigen Monaten aber hatten die Lampen auch den dunklen Himmel beleuchtet, wir standen und redeten in der freien Luft.«

Solche Erinnerungen an Krieg und Nachkrieg dürften bei einigen Leipzigern wachgerufen worden sein, als Mitte der 90er Jahre die Revitalisierung des Hauptbahnhofs vorbereitet wurde. Bei laufendem Verkehr riß man ein so großes Loch in den Querbahnsteig, daß man fast bis zur darunter liegenden Braunkohle blicken konnte. Und nur die Architekten hatten eine Vorstellung von der glitzernden Welt aus Boutiquen, Shops, Cafés und Restaurants, die da unten entstehen würde. In Leipzig wurde richtig entschieden. Der gewaltige Bahnhof war ein halbleerer Raum geworden. Weit weniger Menschen als zu seiner Entstehungszeit betraten ihn, um von hier aus ihre Reise anzutreten, auch wenn nach 1990 die Züge wieder von allen benutzbar nach Berlin-Zoo, Paris und Wien fuhren. Sollte dieser Bahnhof veröden und seine Würde verlieren? Statt dessen erhielt er eine zusätzliche Funktion. 1997 titelten die Journalisten: »Supermarkt mit Gleisanschluß«. Aber es geschah mehr: Das gesamte Gebäude wurde aufwendig renoviert, so daß die Leipziger aus dem Staunen nicht herauskamen.

Außerdem wird jetzt ein Bauvorhaben realisiert, das bereits 1915 den Stadtplanern vor Augen schwebte: eine unterirdische Verkehrsverbindung von diesem Kopfbahnhof an der nördlichen Peripherie des Zentrums bis zum Bayrischen Bahnhof im Südosten der Stadt mit Haltepunkten unterwegs. Dieser 3,9 km lange City-Tunnel soll mit S-Bahnen den Regionalverkehr des Umlandes effektiv an die Stadt Leipzig anbinden.

Wir steigen die Treppe zur Osthalle hinunter und treten auf den Bahnhofsvorplatz, den *Willy-Brandt-Platz*. Da sind wir schon mitten in der Stadt. Auf der belebten Verkehrsinsel fahren die Straßenbahnen in alle Richtungen. Wir überschreiten die Straße und stoßen in der Grünanlage auf ein erstes Denkmal, einen großen Steinwürfel im klassizistischen Stil. Dieser Stein, 1819 gesetzt, ehrt den Bürgermeister Carl Wilhelm Müller, der an einer Seite des Denkmals mit einem Reliefbild dargestellt ist. Er hatte einen wesentlichen Anteil daran, daß nach dem Abriß der Stadtmauern und der Verfüllung der alten Wassergräben parkähnliche Grünanlagen zunächst zwischen dem Hallischen Tor im Norden und dem Grimmaischen Tor im Osten entstanden. Besonders reizvoll ist der Teil entlang der Goethestraße, wo ein englischer Landschaftspark mit einem Schwanenteich in der Mitte gestaltet wurde. Müllers Nachfolger im Amt, Otto Koch, hat den Grüngürtel weitergeführt. Er umschließt fast lückenlos die alte Stadt, die heutige City. Die

Straße, auf der wir stehen, heißt seit 1913 Richard-Wagner-Straße, ursprünglich war es die Parkstraße. Wir gehen sie ein Stück in westlicher Richtung bis zum Seaside Parkhotel an der Ecke zur Nikolaistraße. Diese Straße hat ihren Namen von der Nikolaikirche, dem Ziel unseres ersten Stadtspaziergangs.

Wir machen zunächst halt am *Brühl*. In dieser Straße befand sich einst das Zentrum des Rauchwarenhandels. Die Handelsmetropole Leipzig war gegen Ende des 19. Jahrhunderts zum Umschlagplatz für russische und amerikanische Pelze aufgestiegen. Zobel, Nerz, Chinchilla, Fuchs und Hermelin wurden von den Händlern und Verarbeitern oft im Freien begutachtet, auf der Straße, dort, wo wir jetzt stehen. Die Kürschner hatten gleich nebenan in der Nikolaistraße, in der Ritterstraße und hier im Brühl ihre Lager, Werkstätten und Geschäfte. Der Brühl war weltweit so bekannt, daß ein kanadischer Pelztierhändler, der in Leipzig einen neuen Partner suchte, auf den Umschlag seines Briefes nur »Brühl« schrieb, nicht Deutschland, nicht Leipzig. Der Brief, am 3. Februar 1928 in Montreal aufgegeben, steckte am 4. März im Briefkasten von Richard Gloeck, einem der bekanntesten Männer des Leipziger Rauchwarenhandels. Viele Pelzhändler waren Juden. »Zwei von drei Fellen gingen vor Ausbruch der Weltwirtschaftskrise auf dem Leipziger Markt durch jüdische Hände«, errechnete ein Wirtschaftswissenschaftler. »Der Brühl scheint mir das zu sein«, schrieb der jüdische Publizist und Romancier JOSEPH ROTH im Jahr 1922, »was man die Pulsader der Stadt nennt, und die Rauchwaren sind sozusagen die Pulswärmer. Semiten und Arier bringen hier ihre Kaninchen ins Trockene und weiden friedlich nebeneinander mit Wolfs- und Lammfellen. Geräuschvoll werden Pfunde in Dollars umgerechnet und umgekehrt – und die Straße ist erfüllt vom Echo der Handbewegungen.« Die Rassenpolitik der Nationalsozialisten hat auch die jüdischen Bürger Leipzigs in die Vernichtungslager oder in die Emigration getrieben. Mit der Liquidierung der jüdischen Betriebe wurde der Niedergang des Leipziger Rauchwarenhandels eingeleitet, den Rest besorgte der Krieg. Große Teile des Brühls fielen im Dezember 1943 in Schutt und Asche. Eine jahrhundertealte Tradition dieser Stadt war ausgelöscht. Was an sichtbaren Zeichen dieses Gewerbes übriggeblieben ist, zeigt uns die *Nikolaistraße*. Gleich nach der Kreuzung sehen wir auf der rechten Seite das Geschäftshaus *Selter und Weinert Rauchwaren*. Die beiden Untergeschosse des Gebäudes sind mit türkisfarbenen Fliesen verblendet. Mit dieser Keramik wurde auch die Supraporte figürlich ausgestaltet: Fünf Putti tragen jeweils eine Mütze, Stiefel, eine Stola, Handschuhe und einen Muff aus kostbarem Pelz. Schräg gegenüber ist *Steibs Hof* nicht zu übersehen. Das überladene neobarocke Dekor, das sich vom Tor bis in den Dachbereich entfaltet, weist auf Industrie, Handel und internationale Beziehungen hin. Beide Gebäude sind inzwischen saniert worden; in ihnen haben nun Rechtsanwälte, Steuerberater und kleinere Unternehmen ihre Büros.

Einige Schritte weiter: *Oelßners Hof*, der Sanierung noch harrend, steht an der Stelle von Zotens (*Quandts*) *Hof*, in dem sich Mitte des 18. Jahrhunderts eine der Spielstätten der Neuberschen Theatertruppe befand. FRIEDERIKE CAROLINE NEUBER trat seit 1727 mit ihren Schauspielern während der Messen in Leipzig auf. Die couragierte Prinzipalin versuchte eine Theaterreform zu verwirklichen, die den billigen Ulk durch anspruchsvolle Komödien ersetzen sollte. Sie wurde von JOHANN CHRISTOPH GOTTSCHED unterstützt, der damals Universitätsprofessor in Leipzig war und ihr Beifall zollte, als sie in einem Stück den Hans-

*Die Nikolaikirche mit Gedenksäule
an den Herbst 1989*

wurst von der Bühne stieß. Doch brauchbare Texte, die ohne den Possenreißer genügend Publikum auf die Bänke gelockt hätten, konnte er ihr kaum liefern. Da half der neunzehnjährige GOTTHOLD EPHRAIM LESSING, der als Student in Leipzig lebte, schon besser aus. Sein dramatischer Erstling »Der junge Gelehrte« wurde 1748 in Zotens Hof erfolgreich aufgeführt.

Unser Blick ist schon auf die *Nikolaikirche* gerichtet. Ein kompakter Kirchenbau steht da, an drei Seiten von hohen Messe- und Geschäftshäusern umstellt. Nur der Nordseite ist ein Platz vorgelagert, der *Nikolaikirchhof*, auf dem wir jetzt stehen. Am Westwerk der Kirche ragt der Turm mit seiner barocken Haube auf und verleiht dem Gotteshaus seine charakteristische Silhouette. Die Kirche ist aus einem romanischen Bau hervorgegangen und wurde dem heiligen Nikolaus geweiht, der auch Schutzpatron der Kaufleute ist. Sie war von Anfang an Stadtkirche; einen Bischof gab es in Leipzig nie, die Stadt gehörte zum Bistum Merseburg. Vor der Kirchentür steht ein Fahrradständer mit der Aufschrift: »Nikolaikirche – offen für alle«. Ein Strom von Touristen flutet hinein und heraus. Diese Kirche hat eine zweite Dimension erhalten: Hier fanden seit 1982 jeden Montag Friedensgebete statt zu aktuellen Themen: Frieden, Gerechtigkeit und Bewahrung der Schöpfung. Von 1988 an trafen sich montags zunehmend Regimekritiker und Ausreisewillige, Christen wie Nichtchristen. Ihre Abscheu richtete sich gegen die Stasi, die den Nikolaikirchhof intensiv observierte, auch in den Kirchenbänken saß und engen Kontakt zur bewaffneten Staatsmacht hatte, die von Montag zu Montag ihre Präsenz verstärkte, um einzuschüchtern, um einzugreifen. Denn vor der Kirchentür, der Ausgang führte damals zum Nikolaikirchhof, warteten ebenso viele, wie in der Kirche versammelt waren. Die

Gruppe der Wartenden war sehr bald die viel größere. Und als sich die Kirchentür öffnete, verschmolzen beide zu einer spontanen Demonstration.

Aus den realen Vorgängen vorwiegend in Leipzig sind die Handlungsstränge gespeist, die ERICH LOEST in seinem Roman »Nikolaikirche« (1995) zu einer fiktiven Familiengeschichte zwischen 1987 und Herbst 1989 zusammenfügte. Noch im Jahr des Erscheinens wurde der Roman durch das Fernsehen verfilmt. Loests Roman endet am 9. Oktober. An diesem Montag befürchteten viele Leipziger Auseinandersetzungen mit blutigen Folgen. Die Stimmung war gedrückt. Man hörte, daß sich Polizei, Armee und Kampfgruppen auf Zusammenstöße mit den Demonstranten vorbereiteten. Einer, der dabei war, hat die Atmosphäre dieses Tages geschildert, der Leipziger Kabarettist und Publizist BERND-LUTZ LANGE, nachzulesen in dem Erzählband »Dämmerschoppen«. Er gehörte zu jenen sechs Männern, außer ihm waren es drei Parteifunktionäre, ein Theologe und der Gewandhauskapellmeister Kurt Masur, die einen Aufruf verfaßten, der an diesem Abend in den Kirchen und über den Stadtfunk verbreitet wurde und der mit dem Satz schließt: »Wir bitten Sie dringend um Besonnenheit, damit der friedliche Dialog möglich wird.« An der Demonstration dieses Montags nahmen 70 000 Menschen teil. Die Staatsmacht wich vor den Massen zurück. Es fiel kein Schuß. Es war der eigentliche Beginn der friedlichen Revolution im Osten Deutschlands.

Zehn Jahre danach. Wie kann Erinnerung sinnfällig verdichtet werden? Schon längst haben wir die hohe weiße Säule mit dem bizarren grünen Blattwerk oben gesehen, die seit dem 9. Oktober 1999 am östlichen Rand des Nikolaikirchhofs steht. So wie die Menschen zehn Jahre zuvor aus der Kirche auf den Platz traten und von hier aus ihre

Demonstration begannen, so ist eine Säule des Kirchenschiffs, als detailgetreue Kopie angefertigt, aus dem Innern ins Freie gerückt worden. Ihre grünen Palmenblätter sind Symbole des Friedens.

Bevor wir in die Kirche hineingehen, ist ein Blick auf die *Alte Nikolaischule* unerläßlich. Sie steht an der Nordseite des Nikolaikirchhofs. Die Rekonstruktion des verfallenen und über lange Zeit ungenutzten Hauses war erst nach 1990 möglich. Ohne die Spende von neun Millionen Mark der Partnerstadt Frankfurt am Main hätte man damals nicht daran denken können, ein Stück Leipziger Identität wiederherzustellen. Die Alte Nikolaischule war 1512 als erste Bürgerschule der Stadt eröffnet worden. Hier hatten im 17. Jahrhundert der zwölfjährige GOTTFRIED WILHELM LEIBNIZ und der zehnjährige CHRISTIAN THOMASIUS die Grundlagen ihrer Bildung gelegt. JOHANN GOTTFRIED SEUME saß 1779 auf der Schulbank; für den Jungen aus armen Verhältnissen bezahlte Graf Hohenthal, einer der reichsten Leipziger Kaufleute und Grundbesitzer im Umland, das Schulgeld. Seume war nicht glücklich unter der Zucht von Rektor Martini. Er nahm oft Zuflucht zu den antiken Autoren. »Oft pflegte ich und pflege noch jetzt, halb im Scherz, halb im Ernst, zu sagen, was ich Gutes an und in mir habe, verdanke ich meiner Mutter und dem Griechischen.« Nach zwei Jahren Nikolaischule war Seume universitätsreif. Der reiche Gönner hatte ihm ein Theologiestudium verordnet. Auch RICHARD WAGNER hat die Klinke der Nikolaischule niedergedrückt. Seine Mutter war mit dem vierzehnjährigen Richard und dessen Geschwistern 1827 als zweifache Witwe von Dresden nach Leipzig zurückgekehrt und schickte den Jungen zur Nikolaischule, in der er der Obertertia zugewiesen wurde, obwohl er an der Dresdner Kreuzschule bereits in der Se-

*Nikolaikirche – Blick durchs klassizistische
Kirchenschiff*

kunda gesessen hatte: »Der Mißmut, der mich erfaßte, als ich den Homer, von welchem ich bereits zwölf Gesänge schriftlich übersetzt hatte, wieder beiseite legen mußte, um zu den leichtern griechischen Prosaisten zurückzukehren, war unbeschreiblich und schnitt sich tief in meine ganze Stimmung ein. Ich betrug mich demzufolge so, daß ich mir nie einen der Lehrer dieser Schule befreundete«, schrieb Wagner in seinen Lebenserinnerungen. Dem »Hochmut des Schulpedantismus« zog er eine autodidaktische Bildung vor, die auf zwei Ziele gerichtet war: Dichten und Komponieren.

Daß die Alte Nikolaischule heute keine Schule mehr ist, lesen wir an der Hauswand: Gasthaus. Aus dem Auditorium wurde ein gemütlicher Gastraum mit kleinen Holztischen und Stühlen und freigelegten lateinischen Sprüchen an den Wänden, die vorsorglich übersetzt sind. Im ersten Obergeschoß hat die Antikensammlung der Universität nach mehr als dreißig Jahren wieder ein eigenes Domizil erhalten. Und im zweiten Obergeschoß wurde eine Schulaula des 19. Jahrhunderts eingerichtet, die mit Bildern an die prominenten Schüler erinnert und für Lesungen und Debatten der Bürger zu aktuellen Fragen offensteht.

Doch nun betreten wir die Nikolaikirche. Zunächst empfängt uns eine Vorhalle, die rechts und links durch achteckige Räume, die ehemaligen Taufkapellen, erweitert ist. Zwei Gemälde weisen darauf hin, die Geburt und die Taufe Christi darstellend. Diese Bilder hat ADAM FRIEDRICH OESER gemalt, der in der zweiten Hälfte des 18. Jahrhunderts Direktor der Kunstakademie in Leipzig war. Ihm werden wir bei unseren Spaziergängen noch mehrfach begegnen. Vor uns öffnet sich der Kirchenraum. Unter der Orgelempore stehend, bemerken wir rechts eine kleine Bachbüste. Bevor JOHANN SEBASTIAN BACH sein Amt in

Leipzig antreten konnte, mußte er am 7. Februar 1723 zum Hauptgottesdienst in der Nikolaikirche sein Können als Chorleiter und Organist vor Ratsmitgliedern und Geistlichen unter Beweis stellen. Man war mit dem Gehörten zufrieden. Der Anstellungsvertrag mit der Stadt konnte ausgefertigt und unterzeichnet werden. Die Bachbüste an diesem Ort macht zugleich deutlich, daß der Thomaskantor nicht nur für die Thomaskirche, sondern auch für die Nikolaikirche zuständig war. Und: manches seiner Werke, so die Johannespassion, hat in der Nikolaikirche seine Erstaufführung erlebt.

Schauen wir in das Kirchenschiff, dann fallen uns zehn kannelierte Säulen auf. Ihre Palmenblätter, verwandelte korinthische Kapitelle, tragen das gotische Rippengewölbe. Es ist versteckt, die gewölbten Decken sind kassettiert, ebenso der tonnenförmige Chorraum. Die Seitenwände tragen zwei Emporen. Große Rundbogenfenster ohne Bildschmuck lassen viel Licht in den Kirchenraum. Die Farben Weiß und Apfelgrün dominieren, Goldverzierungen erhöhen das Wesentliche: die Kanzel, den Altartisch und den Taufstein. Es war Bürgermeister Carl Wilhelm Müller, der als Vorsteher der Gemeinde Ende des 18. Jahrhunderts einen Umbau des Kircheninneren veranlaßte. Er hatte fähige Leute an seiner Seite, den Stadtbaudirektor Johann Friedrich Carl Dauthe und den Maler Adam Friedrich Oeser. Dem Baumeister ist ein stilistisch einheitlicher klassizistischer Kirchenraum gelungen, der sehr festlich wirkt. Nach mehr als zehnjähriger Bauzeit konnten die Arbeiten 1797 abgeschlossen werden. Mehrere Gemälde, unter anderem von Lucas Cranach dem Älteren, wurden abgehängt und nicht weiter verwendet. Man beauftragte Oeser mit der bildkünstlerischen Ausschmückung. Den Glanzpunkt bildet zweifellos das Altarbild, das in der Symmetrie der

Kirche sehr bald die Blicke der Besucher auf sich zieht. Der Theologie der Aufklärung verpflichtet, die im Leben von Jesus Christus mehr das Vorbildhafte als das Märtyrertum betonte, malte Oeser keine »Kreuzigung«, sondern eine »Auferstehung«. Die an den Seitenwänden des Chorraums hängenden Gemälde zeigen Christus als den Heilenden und den Weisen. Der Malauftrag für die Nikolaikirche war Oesers letzte Leistung für die Stadt. Im März 1799 starb er. Seine Grabplatte vom Neuen Johannisfriedhof ist an der Außenwand des Chores angebracht worden. Sie wird wenig beachtet.

Beim Verlassen der Nikolaikirche erklingt vielleicht die Ladegastorgel und steigert unsere Empfindungen von Feierlichkeit und Erhabenheit, die sich beim Betrachten der Kirche eingestellt haben.

Von der Kirche zum Kommerz. Gleich gegenüber dem Kirchenportal treten wir in *Specks Hof* ein. Der von 1908 bis 1928 als Messepalast entstandene große Hauskomplex ist zugleich Einkaufspassage zwischen Nikolaistraße und Reichsstraße. Der überdachte Durchgang ist von drei Lichthöfen unterbrochen, die nach ihrer Umgestaltung vor einigen Jahren zu den attraktiven Räumen der Innenstadt gehören. Den Bauherren der 90er Jahre war zur Auflage gemacht worden, Dekorelemente der Entstehungszeit von Specks Hof in die Neugestaltung einzubeziehen: die kupfernen Plafonds der Durchgänge, die Bleiglasfenster an den Treppenaufgängen und die Kalksteinverkleidung der Wände. Außerdem haben drei zeitgenössische Künstler, Johannes Grützke (Frankfurt/Main), Moritz Götze (Halle) und Bruno Griesel (Leipzig), je einen Lichthof mit thematischen Bildbändern und Installationen gestaltet. Der Name Specks Hof geht auf Vorbesitzer der Grundstücke an der Reichsstraße zurück. Der bedeutendste Vertreter dieser Familie war MAXIMILIAN SPECK VON STERNBURG, ein Landwirt und Kunstsammler, den wir noch würdigen werden, er starb 1856.

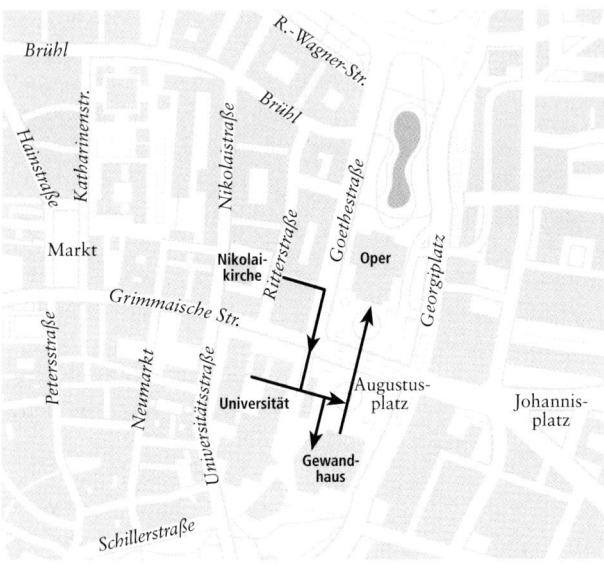

»omnia vincit labor«

Der Augustusplatz

Aus der dunklen *Theaterpassage* treten wir auf die *Goethestraße* hinaus. Vor uns liegt der größte innerstädtische Platz, der *Augustusplatz*. Er ist nicht nach Kaiser Augustus und nicht nach Kurfürst August dem Starken benannt, sondern nach dem ersten sächsischen König, Friedrich August I. Mit der Namensgebung im Jahr 1837, zehn Jahre nach Augusts Tod, war auch die Gestaltung dieses Raumes zu einem Platz verbunden. Die 1409 gegründete Leipziger *Universität* hatte zwar ihren Standort schon seit der Reformation an dieser Stelle, weil der Landesherr das säkularisierte Dominikanerkloster samt Kirche aus dem 13. Jahrhundert der Universität schenkte, doch erst Mitte des 19. Jahrhunderts wandte die Universität ihr Gesicht nach außen, das neue Hauptgebäude, das Augusteum, wurde vom Platz aus betreten. In der Folgezeit entstanden das Postamt an der Ostseite, das Bildermuseum an der Südseite, dort, wo heute das Gewandhaus steht, und die Oper, das sogenannte Neue Theater, an der Nordseite. An der Stelle des abgerissenen Grimmaischen Tores neben der Kirche errichtete Zuckerbäcker Felsche das Café Français. Dieses Ensemble klassizistischer Gebäude, gern gerühmt, auch im Vergleich mit anderen Städten, wurde im 20. Jahrhundert an der Goethestraße durch den Königsbau, das schmale Krochhochhaus und die Filiale der Dresdner Bank ergänzt. Die Bomben des Zweiten Weltkriegs haben dem Augustusplatz tiefe Wunden geschlagen. Die Oper, die Post, das Bildermuseum, große Teile des Augusteums und »Felsche« wurden 1943 zu Ruinen. 1945 mußte der Platz auch seinen Namen hergeben; er hieß von da an Karl-

Augustusplatz mit Oper

Marx-Platz. 1990 erhielt der Platz seinen alten Namen zurück.

Unser Standort ist jetzt die Kurve Goethestraße/Augu-
stusplatz, und wir blicken zur Universität. 2009 steht ein
großes Jubiläum an: die Alma mater Lipsiensis ist sechshundert Jahre alt. Bis dahin wird der gesamte Gebäudekomplex
umgebaut und erweitert. Aus einem Architektenwettbewerb um die Neugestaltung der Front von Hauptgebäude
und Paulinerkirche am Augustusplatz ist der niederländi-
sche Architekt Erick van Egeraat als Sieger hervorgegangen. Die Kirche muß, nach den Vorstellungen der Universität, zugleich die Funktion einer Aula erfüllen. Mit diesen
umfangreichen Baumaßnahmen soll nicht allein den Erfordernissen einer modernen Universität mit ständig wach-
senden Studentenzahlen entsprochen werden. Es gilt, die
Kulturbarbarei des DDR-Regimes zu tilgen, das am 30. Mai
1968 die gotische Paulinerkirche sprengte, die MARTIN
LUTHER 1545 als evangelische Universitätskirche geweiht
und die den Zweiten Weltkrieg unbeschadet überstanden
hatte. Anschließend, am 20. Juni, wurde das Augusteum
in die Luft gejagt, das zwar teilzerstört war, doch für Lehrveranstaltungen noch genutzt werden konnte. Der Bruch
des Regimes mit der bürgerlichen Tradition im Bildungs-
wesen sollte auch äußerlich vollzogen werden. Ein völlig
neuer Universitätskomplex entstand bis 1975, einschließlich des heute so genannten Cityhochhauses, das inzwischen privatisiert ist.

Die Kirchensprengung und die Empörung der Leipziger Bürger greift ERICH LOEST in seinem Roman »Völkerschlachtdenkmal« (1984) auf. Sprengmeister Linden, der
zunächst, wenn auch widerwillig, den Anordnungen der
Staatsmacht nachkommt, setzt sich kurz vor der Sprengung von seinem Trupp ab, reagiert wie geistesabwesend

und findet sich im Stasiknast wieder: »Ich spürte das Vibrieren, bevor ich den Knall hörte. Zwischen der Kirche und meiner Zelle waren es siebenhundert Meter, das Beben lief durch die Erde und die Mauern hinauf bis in meine Pritsche.«

Bei einem kurzen Streifzug durch die literatur- und geistesgeschichtlichen Studien an dieser alten Universität stoßen wir auf die Namen berühmter Studenten und hervorragender Lehrer. Von Leibniz und Thomasius wissen wir schon, daß sie sich in der Nikolaischule auf das Studium vorbereitet hatten. Mit fünfzehn Jahren wechselten sie die Lehranstalt: Mathematik und Philosophie, Jura und Staatswissenschaft werden ihre Studiengebiete. Als die juristische Fakultät dem zwanzigjährigen Leibniz die angestrebte Promotion wegen seiner Jugend verweigerte, verließ er seine Vaterstadt für immer und promovierte an der zu Nürnberg gehörenden Universität Altdorf. Thomasius erwarb seinen Doktorgrad mit vierundzwanzig Jahren zu einem juristischen Thema an der Universität Frankfurt/Oder, kehrte aber nach Leipzig zurück, wo er sich als Verfasser zahlreicher Schriften mit Vertretern der lutherischen Orthodoxie auseinandersetzen mußte. Er hielt am 10. Oktober 1687 die erste deutschsprachige Vorlesung und brach damit die Konventionen auf. Mit dreiunddreißig Jahren ging Thomasius nach Halle und nahm dort Einfluß auf den Aufbau der 1694 gegründeten Universität. Niemand vermochte es, ihn für Leipzig zurückzugewinnen.

Sprung ins 18. Jahrhundert. Der aus Schlesien stammende JOHANN CHRISTIAN GÜNTHER studierte von 1717 bis 1719 in Leipzig. Er sollte sich eigentlich mit Medizin befassen, widmete sich aber mehr der galanten Poesie und dem lockeren studentischen Leben. In einem seiner Studentenlieder heißt es:

Brüder, wir
Sind jetzt hier,
Und wer weiß wie lange?
Jeder Schritt
Ist ein Tritt
Zu dem letzten Gange.
Nehmt die Wollust zum voraus
Und besucht das Freudenhaus,
Eh ein ungewisser Tag
Uns der Bahre liefern mag.
...
Fort, ihr Brüder, trinkt und schreit,
Weil ihr noch in Leipzig seid
Und man in der schönen Stadt
Doch kein ewig Leben hat.

Gotthold Ephraim Lessing kam 1746 nach Leipzig und
fand die Atmosphäre dieser Stadt großartig: »ein Ort, wo
man die ganze Welt im kleinen sehen kann«. Das Theologiestudium und die Welt der Bücher schob der Pfarrerssohn aus Kamenz bald beiseite; er »suchte Gesellschaft,
um nun auch leben zu lernen«. Das Theater faszinierte ihn
besonders, und er unterhielt enge Kontakte zu der Theatertruppe der Neuberin. Doch war das gesellige Leben teu-
rer, als es die väterlichen Finanzzuschüsse erlaubten. 1748
bedrängten ihn seine Gläubiger so sehr, daß er nach Wittenberg floh, später nach Berlin. FRIEDRICH GOTTLIEB
KLOPSTOCK begann im selben Jahr wie Lessing ein Studium der Theologie. Doch auch er war ein verkappter Poet,
schon 1748 wurden die ersten drei Gesänge seines »Mes-
sias« gedruckt, die ihn bekannt machten.

Einige Jahre später ließ sich der wohl berühmteste Student der Alma mater Lipsiensis in die Matrikel eintragen:

Johann Wolfgang Goethe aus Frankfurt am Main. Er traf am 3. Oktober 1765 zur Michaelismesse in Leipzig ein. Er war sechzehn Jahre alt. In der Tasche trug er ein Empfehlungsschreiben seines Vaters an den Juristen und Historiker Hofrat Johann Gottlieb Böhme. Goethes Vater hatte selbst in Leipzig studiert und war fest überzeugt, daß hier die besten Juristen lehrten. Und er hatte seinen Sohn bereits im privaten Unterricht auf dieses Fach vorbereitet. Der junge Goethe hätte sich viel lieber den schönen Wissenschaften zugewandt, doch Böhme wußte dies zu verhindern. In »Dichtung und Wahrheit« liest sich das so: »Als Historiker und Staatsrechtler hatte er einen erklärten Haß gegen alles, was nach schönen Wissenschaften schmeckte. Unglücklicherweise stand er mit denen, welche sie kultivierten, nicht im besten Vernehmen, und Gellerten besonders, für den ich, ungeschickt genug, viel Zutrauen geäußert hatte, konnte er nun gar nicht leiden. Jenen Männern also einen treuen Zuhörer zuzuweisen, sich selbst aber einen zu entziehen, und noch dazu unter solchen Umständen, schien ihm ganz und gar unzulässig. Er hielt mir daher aus dem Stehgreif eine gewaltige Strafpredigt, worin er beteuerte, daß er ohne Erlaubnis meiner Eltern einen solchen Schritt nicht zugeben könne, wenn er ihn auch, wie hier der Fall nicht sei, selbst billigte. Er verunglimpfte darauf leidenschaftlich Philologie und Sprachstudien, noch mehr aber die poetischen Übungen, die ich freilich im Hintergrunde hatte durchblicken lassen. Er schloß zuletzt, daß, wenn ich ja dem Studium der Alten mich nähern wolle, solches viel besser auf dem Wege der Jurisprudenz geschehen könne.« Vermittelnd griff Frau Hofrätin Böhme ein, und ein Kompromiß wurde gefunden: »Der Gemahl regulierte darauf meine Stunden: da sollte ich denn Philosophie, Rechtsgeschichte und Institutionen und noch einiges andere hören. Ich ließ mir das gefallen; doch setzte ich durch, Gellerts Literaturgeschichte über Stockhausen und außerdem sein Praktikum zu frequentieren.«

»Die Verehrung und Liebe, welche Gellert von allen jungen Leuten genoß, war außerordentlich. ... Nicht groß von Gestalt, zierlich, aber nicht hager, sanfte, eher traurige Augen, eine sehr schöne Stirn, eine nicht übertriebene Habichtsnase, ein feiner Mund, ein gefälliges Oval des Gesichts: alles machte seine Gegenwart angenehm und wünschenswert«, schreibt Goethe. CHRISTIAN FÜRCHTE-GOTT GELLERT, der in Leipzig studiert hatte, war 1751 vom Privatdozenten zum ordentlichen Professor für Poetik und Moral berufen worden. Dort, wo er kümmerlich wohnte, im »Schwarzen Brett« (heute Dresdner Bank, Goethestraße 3-5), fanden auch die Lehrveranstaltungen statt. Doch die Beliebtheit des Fabeldichters und Romanschriftstellers führte ihm ein so großes Publikum zu, daß ein Hörsaal beschafft werden mußte. Neben Gellert sei an dieser Stelle noch einmal Johann Christoph Gottsched als Professor für Poesie und Rhetorik, Logik und Metaphysik, als mehrfacher Rektor und als einflußreicher Sprachwissenschaftler erwähnt.

GEORG FRIEDRICH REBMANN, der berühmte Reiseschriftsteller, der Ende des 18. Jahrhunderts auf allen Zensurlisten stand, hat mit Sarkasmus die Angehörigen der vier Fakultäten beschrieben: »Theologen. Zur Verachtung der Leipziger Studierenden tragen unstreitig die Theologen das meiste bei ... Sie sind arm, unwissend, kriechend, niederträchtig, stolz und schmutzig. Letzteres macht, daß man sie unter allen herausfinden und ihr Studium aus dem Geruch abnehmen kann, den sie um sich verbreiten ... Juristen. Gelehrter als der Theologen-Haufen ist das Häuflein der Juristen. Unter ihnen herrscht ein soliderer Ton, ihre Sitten sind feiner und ihre Kleidung erhebt sich im Ganzen über das Mittelmäßige ... Sie führen selten Portefeuilles, keine Tintenfässer, höchstens zwei Bücher bei sich, sitzen im Collegio auf Stühlen, die sie bezahlen, machen folglich die Straße nicht unsicher, schreiben nicht so unsinnig nach, und ihren Hörsälen kann man sich ohne Riechfläschchen nähern ... Mediziner verdienen wegen ihrer geringen Anzahl kaum erwähnt zu werden. Indessen machen auch sie der Universität Ehre ... Schöne Wissenschaften kommen mehr in Betracht. Diese Herren halten sich samt und sonders für die ersten Genies und sehen stolz an dem hinauf, der sich einem bestimmteren Studium widmet. Es sind meist kleine Persönchen, vermutlich weil über dem geilen Wachstum des Geistes der Körper nicht zu seiner gehörigen Reife hat gedeihen können. Ihre Tracht ist mehr oder weniger elegant, je nachdem es jedem die Umstände verstatten. Wer es nicht bis zur Eleganz bringen kann, sucht seinem Äußern wenigstens ein geniemäßiges Aussehen zu geben ... Sie beschäftigen sich gewöhnlich mit deutschen und anderen Dichtern und verfolgen dabei das Schöne, wo sie es nur auftreiben können.«

Hundert Jahre nach Goethe, am 20. Oktober 1865, immatrikulierte sich Friedrich Nietzsche an der Leipziger Universität. »Ich kann nicht sagen, wie erfrischend dieses zufällige Ereignis auf mich wirkte; sicherlich war es ein gutes Omen für meine Leipziger Jahre, und die Zukunft hat dafür gesorgt, daß es mit Recht ein gutes Omen heißen konnte«, schreibt er in seinen autobiographischen Aufzeichnungen. Der Pfarrerssohn hatte sich in Leipzig endgültig für klassische Philologie entschieden und von der Theologie Abschied genommen. In einem Antiquariat, Nietzsche wohnte im Graphischen Viertel, stieß er auf Schopenhauers »Welt als Wille und Vorstellung« und war von der Lektüre gefesselt. Studienkollege von Nietzsche im Fach Philologie war Franz Mehring, der spätere Historiker der Sozialdemokratie; zwischen 1902 und 1907 leitete er als Chefredakteur die Leipziger Volkszeitung.

In dieser Zeit konnte die Leipziger Universität mit namhaften Philologen, Medizinern und Naturwissenschaftlern glänzen. Wilhelm Wundt richtete 1879 das erste experimentelle Institut für wissenschaftliche Psychologie ein; Karl Lamprecht gründete 1909 das Institut für Kultur- und Universalgeschichte und erregte damit in Europa Aufsehen: »Er war die vielgerühmte und vielgescholtene Helena der philosophischen Fakultät, das enfant terrible seiner akademischen Kollegen. Wir verdanken ihm eine dickbändige Kulturgeschichte, die mehr mit Phantasie als mit Sachkenntnis geschrieben ist«, so WALTER HASENCLEVER, dessen Erinnerungen an die Leipziger Studienjahre Eingang in den Roman »Irrtum und Leidenschaft« fanden, den sein Freund KURT PINTHUS erst aus dem Nachlaß veröffentlichte (1969). Neben Hasenclever saß KURT WOLFF im Kolleg der Germanistik. Wenig später sind sie Verleger, Schriftsteller, Lektoren. Wir kommen an anderer Stelle darauf zurück. CARL STERNHEIM, in Leipzig geboren, verbrachte seine Gymnasialzeit und etliche Studienjahre in verschiedenen Städten. 1899 setzte er sein Jurastudium in Leipzig fort. Er hörte auch literarhistorische Vorlesungen. »Nach der gewohnten Münchener Lebenswärme wirkte die sächsische Sprache und was aus ihr folgt als kalte Dusche« auf ihn.

Doch war Leipzig um 1900 als Studienort durchaus beliebt. THOMAS MANN läßt seinen Adrian Leverkühn (»Doktor Faustus«) in Leipzig studieren. Der Studiosus schreibt 1905 von hier einen Brief an seinen in Naumburg verbliebenen Freund: »Ist schon prächtig gebaut, mein Leipzig, recht wie aus einem teuren Steinbaukasten, und dazu reden die Leute überaus teuflisch gemein, daß man vor jedem Laden scheut, ehe man was erhandelt, – ist als ob unser sanft verschlafenes Thüringisch aufgeweckt wäre zu einer Siebenhunderttausend-Mann-Frechheit und Ruchlosigkeit des Maulwerks mit vorgeschobenem Unterkiefer, greulich, greulich, aber bewahre Gott, gewißlich nicht böse gemeint und mit Selbstverspottung vermischt, die sie sich leisten können auf Grund ihres Weltpulses. Centrum musicae, centrum des Druckwesens und der Buchgremplerei, hochleuchtende universitet.«

Seit der Jahrhundertwende wirkten an dieser Universität zwei Germanisten, die für den späteren Verleger ANTON KIPPENBERG und den späteren Schriftsteller ERICH KÄSTNER die Doktorväter waren. Kippenberg wurde von ALBERT KÖSTER 1901 mit einer Arbeit über »Die Sage vom Herzog von Luxemburg und die geschichtliche Persönlichkeit ihres Trägers« promoviert. Mit Köster blieb Kippenberg bis zu dessen Lebensende 1924 freundschaftlich verbunden. Desgleichen gab es persönliche und wissenschaftliche Beziehungen Kippenbergs zu GEORG WITKOWSKI. Bei ihm gab Erich Kästner, der das Studium 1919 in Leipzig aufnahm, seine Doktorarbeit ab: »Die Erwiderung auf Friedrichs des Großen Schrift ›De la littérature Allemande‹«. Diese Dissertation wurde von den Gutachtern »trotz ihres feuilletonistischen Stils« sehr gelobt. Bereits 1923, noch vor Abschluß des Studiums, war Kästner im Feuilleton der »Neuen Leipziger Zeitung« mit Kurzgeschichten und Kritiken vertreten und fand in dieser Zeitung eine Anstellung. 1927 veröffentlichte er zur Faschingszeit in einem Leipziger Blatt den »Nachtgesang des Kammervirtuosen«, illustriert durch seinen Freund, den Karikaturisten Erich Ohser. Im Text heißt es eingangs:

Du meine neunte Sinfonie!
Wenn du das Hemd anhast mit den rosa Streifen ...
Komm wie ein Cello zwischen meine Knie,
Und laß mich zart in deine Saiten greifen!

Das vertrug die Musikstadt Leipzig nicht, schon gar nicht
im Beethovenjahr. Kästners Chefredakteur, von konservativen Kreisen unter Druck gesetzt, kündigte dem jungen
Journalisten, Kästner wechselte nach Berlin.

1923 immatrikulierte sich ERNST JÜNGER als stud. rer.
nat. an der hiesigen Universität. Sein Hauptfach war Zoo-
logie. Er hörte Vorlesungen bei dem Philosophen und Bio-
logen HANS DRIESCH. Im August 1925 heiratete Jünger
in Leipzig und ließ sich in der Thomaskirche trauen.

Die Universität des »konservativen Fortschritts« (Helbig) konnte sich der braunen Flut nicht erwehren. Als der
Philosoph und Pädagoge THEODOR LITT im Jahr 1931
das Rektorenamt übernahm, mahnte er, »die unbestech-
liche Wahrheit ... so pfleglich wie nur möglich zu behan-
deln«. 1933 verloren über zwanzig Professoren und Dozen-
ten aus »rassischen Gründen« ihr Lehramt, unter ihnen
auch Georg Witkowski und Hans Driesch. Litt gehörte zu
den wenigen unbeugsamen Wissenschaftlern, die vor allem
die Rassenmythologie der Nationalsozialisten zurückwie-
sen. Vor Studenten erklärte er im Mai 1933: »Ich will lieber heute als morgen meinen Lehrstuhl aufgeben; lieber
will ich Steine klopfen, als dieses alles ertragen zu müssen,
als da schweigen zu müssen, wo mich meine Verantwortung als Pädagoge und als Professor zum Reden zwingt.«
Theodor Litt trat 1936 von seinem Lehramt zurück, sechs-
undfünfzigjährig. Die Zerstörung der Universität hat er in
Leipzig erlebt. Etwa 70% der universitären Einrichtungen
an verschiedenen Standorten wurden zu Trümmerhaufen.

Der erfahrene Hochschullehrer stellte sich im Februar 1946 bei der Neueröffnung der Universität Leipzig wieder zur Verfügung, trat aber dem von der sowjetischen Militäradministration gestützten Führungsanspruch der Kommunisten entgegen. 1947 verließ er Leipzig, um weiter in Bonn zu wirken.

Bei den Germanisten wurden Theodor Frings und Hermann August Korff, seit 1927 bzw. 1925 Professoren in Leipzig, wieder berufen. Frings, der Mitglied mehrerer, auch ausländischer Akademien war, leitete und beendete 1960 die Arbeit am Grimmschen Wörterbuch, mit dessen Herausgabe der Verleger Salomon Hirzel 1854 begonnen hatte.

Der nach Kriegsende aus der Emigration nach Deutschland zurückgekehrte Hans Mayer nahm 1948 eine Berufung als Literaturwissenschaftler nach Leipzig an. Er entfaltete eine glanzvolle Lehrtätigkeit im Hörsaal 40 des alten, halb zerstörten, aber noch benutzbaren Universitätsgebäudes. Aus seiner späteren Lebensbilanz »Ein Deutscher auf Widerruf« geht hervor, in welchem Maße diese fünfzehn Jahre in Leipzig ein zentrales Kapitel seines Lebens als Wissenschaftler und Hochschullehrer waren. Bei der wissenschaftlichen Betreuung seiner Studenten machte er eines Tages eine Entdeckung: »Ein Seminar über Texte der europäischen Literaturen im 17. Jahrhundert wurde angekündigt ... Bei Verteilung der Referate zu Beginn des Semesters war auch das Thema Otway vergeben worden. Der Student, der im Seminar seinen Text vortrug, ein langer Blonder mit merkwürdigen Augen, war eine Überraschung. Nach ein paar Minuten hörten wir alle aufmerksam zu. Er las sehr gut vor, ausgezeichneter englischer Akzent beim Vortrag der Zitate aus Otway, reines Norddeutsch, ganz und gar kein Sachse also; er hatte gründlich gearbeitet ... Er wurde belobt, ich bat ihn, in die Sprechstunde zu kommen. Nach einigen Gesprächen ließ er durchblicken, er habe auch selbst geschrieben, ein Erzählwerk. Ich wollte es gern lesen und bekam es auch zu lesen. So entdeckte ich den Studenten Uwe Johnson, und damit den Schriftsteller dieses Namens.«

Auch Irmtraud Morgner, Christa Wolf, Volker Braun und Christoph Hein haben zu verschiedenen Zeiten in Leipzig Germanistik beziehungsweise Philosophie studiert. Verschiedentlich ist in ihre Texte Leipzig als geographischer Bezug und als ein Stück Bildungsweg eingegangen. In ihrem Roman »Nachdenken über Christa T.« (1968) läßt Christa Wolf ihre Ich-Erzählerin den gemeinsamen Studienort, damalige Bekannte und Gesprächspartner aufsuchen.

Hans Mayer demonstrierte eine gesamtdeutsche Literatur, eine Literatur deutschsprachiger Autoren. Er führte 1960 Stephan Hermlin und Peter Huchel, Ingeborg Bachmann und Hans Magnus Enzensberger zu einem Lyrik-Symposium zusammen. Interessant für die Zuhörer, riskant für die Veranstalter. Ingeborg Bachmann notierte nach ihrem kurzen Aufenthalt: »Leipzig soll nie eine schöne Stadt gewesen (sein), ist wenig zerstört, jedenfalls weniger als viele andere deutsche Städte, aber veraltet, melancholisch, das Provinzielle, aber nicht, wie hier kleine oder größre Städte Provinz sind, fällt in die Augen, es hat Provinzzauber von einst.«

Hans Mayer, der ideologischen Bevormundung überdrüssig, ging 1963 in den »Westen«, nach Tübingen, wo der Philosoph Ernst Bloch bereits seit 1961 lebte. Auch er hatte 1948 eine Berufung nach Leipzig erhalten, folgte ihr und übernahm das Institut für Philosophie. Doch wegen angeblicher Staatsfeindlichkeit wurde dem Marxisten

Bloch 1957 die Lehrtätigkeit untersagt. 1961, vom Mauer-
bau überrascht, blieb Bloch in der BRD, wo er sich gerade
zu einer Vortragsreise aufhielt.

1992 hat die Universität Leipzig Hans Mayer noch zu
seinen Lebzeiten die Ehrendoktorwürde verliehen. Die Verleihung der Ehrenbürgerschaft der Stadt Leipzig hat Hans
Mayer 2001 nicht mehr erlebt.

Wir vertreten uns ein wenig die Füße und gehen auf den
Mendebrunnen zu. Er ist eine wahre Zierde des Augustusplatzes, auch wenn die neueren Aufbauten dort seine Wirkung schmälern. Die Brunnengestaltung folgt dem Modell
barocker römischer Brunnen, etwa dem Vier-Ströme-Brun-
nen auf der Piazza Navona in Rom. Auf einer Kartusche
am Schaft des Obelisken lesen wir:

> Zum Himmel streben
> mit frischer Kraft,
> der Erde geben,
> was Segen schafft,
> in lautrer Helle
> lehrt es die Welle.

Diesen kurzen Hymnus auf das Wasser hat der Schriftsteller PAUL HEYSE verfaßt. Die Wasserspender sind antike
Fabelwesen der maritimen Welt: vier Delphinpaare, zwei
aufgerichtete Seepferde, deren geflügelter Pferdeleib in
einen Fischschwanz übergeht und die von Tritonen, halb
Mensch, halb Fisch, gebändigt werden. Auf der ersten Etage des Obelisken stehen vier Meeresnymphen und preisen
den Nutzen des Wassers. Über ihnen hängen waghalsig-
keck vier geflügelte Putti. Der Obelisk ist 18 Meter hoch
und stellt, von Wasser umgeben, die Verbindung zwischen

44

Erde und Himmel her. Ein besonderer Reiz geht von der Farbgebung des Brunnens aus: die grüne Patina der kupfernen Figuren steht gegen den roten Granit des Brunnengesteins. Wie so manches in dieser Stadt ist dieser Brunnen durch eine Hinterlassenschaft finanziert worden. Sie stammte von der Kaufmannswitwe Marianne Pauline Mende. Ihre Spende von 1882 steht im Stiftungsbuch der Stadt Leipzig unter der Nummer 714. Der Brunnen, 1886 eingeweiht, ist das älteste noch erhaltene Bauwerk auf dem Augustusplatz.

Damals stand er vor dem klassizistischen Bau des Museums der bildenden Künste, inzwischen mußte er sich mit moderner Architektur anfreunden. Hinter ihm spannt sich die breite und hohe Glasfassade des *Neuen Gewandhauses*, des hochgeschätzten Konzertsaals der Stadt Leipzig. 1981 wurde dieser Musentempel eröffnet und dient dem traditionsreichen Gewandhausorchester und dem Sinfonieorchester des Mitteldeutschen Rundfunks als Aufführungsort. Einladend ist schon die Fassadengestaltung, deren Effekte erst am Abend voll zur Geltung kommen. Wir sehen dann festlich gekleidete Besucher auf zwei Ebenen in den Hauptfoyers stehen. Ihre dunklen Silhouetten heben sich von einem beleuchteten Wandbild ab, das sich über vier schräge Flächen erstreckt. Es ist eine Deutung von Gustav Mahlers »Lied von der Erde« durch den Leipziger Maler Sieghard Gille. Mahler war von 1886 bis 1888 als Kapellmeister an der Oper tätig. In Leipzig arbeitete er an seiner 1. Sinfonie.

Die Eröffnung dieses Hauses erfolgte zweihundert Jahre nach dem Einzug des damals noch jungen städtischen Orchesters in einen Saal, der sich im Haus der Leipziger Tuch- und Wollwarenhändler, dem Gewandhaus, befand. Heute steht dort das Städtische Kaufhaus zwischen Universitätsstraße und Neumarkt. Kein anderer als Bürgermeister Carl Wilhelm Müller hatte dafür gesorgt, daß dieser große Raum mit einem Deckengemälde von Oeser zu einem hervorragenden Konzertsaal wurde. Und seit dieser Zeit hat sich der Name des Hauses auf das Orchester übertragen: Gewandhausorchester. Diese Musikervereinigung wurde unter der Bezeichnung »Großes Konzert« am 11. März 1743 gegründet. Man musizierte zunächst bei Privatpersonen, zog dann in das Gasthaus »Zu den drei Schwanen« am Brühl um (das Haus existiert nicht mehr) und schließlich in den vorgerichteten Saal im Gewandhaus. Die Konzerte fanden donnerstags statt. Und so ist es heute noch. Voraussetzung für den Fortbestand der Konzerte war, daß das Publikum im voraus seine Plätze bezahlte. Nachdem die schwierige Zeit des Siebenjährigen Krieges überwunden war, konnte 1781 ein erfolgreicher Neuanfang gemacht werden. Die Abonnements blieben unabdingbar für die finanzielle Sicherheit des Unternehmens. Künstlerischer Leiter war nun der bereits erfahrene Singspielkomponist Johann Adam Hiller.

In diesem alten Gewandhaussaal trat am 12. Mai 1789 Wolfgang Amadeus Mozart als Dirigent auf, gab die neunjährige Clara Wieck ihr Debüt und brillierte ein Jahr später der »Teufelsgeiger« Niccolò Paganini gleich mit vier Auftritten. 1835 wurde dem Komponisten FELIX MENDELSSOHN BARTHOLDY die Leitung der Gewandhauskonzerte übertragen. Mit ihm brach eine neue Epoche des Orchesters und des Leipziger Musiklebens an. Auf seine Initiative hin wurde 1843 in Leipzig ein Konservatorium der Musik eingerichtet, um den Nachwuchs für das Orchester zu sichern. Mendelssohn Bartholdy brachte Gäste aufs Podium, die bereits internationalen Ruf hatten: Hector Berlioz, Franz Liszt, den Geiger Joseph Joachim und Jenny

Lind, die »Schwedische Nachtigall«. Seit 1838 führte er Historische Konzerte auf mit Werken von Bach, Händel, Gluck oder Haydn. Und am 4. April 1841 erklang in der Thomaskirche zum ersten Mal nach Bachs Tod unter Mendelssohns Leitung wieder die Matthäus-Passion, den Leipzigern gänzlich unbekannt. Die Bach-Renaissance war eingeleitet.

Ende des 19. Jahrhunderts genügte der Gewandhaussaal den Ansprüchen des Publikum nicht mehr. Die Einwohnerzahl der Stadt hatte sich vergrößert, außerdem sollte das Gewandhaus-Gebäude wenige Zeit später zum ersten Muster-Messe-Palast umgebaut werden. An ganz anderer Stelle, südwestlich des Promenadenrings, errichtete die Stadt ein Konzerthaus für 1500 Zuhörer und eröffnete dieses »Neue Gewandhaus« am 11. Dezember 1884. Es bestand nur knapp sechzig Jahre, im Februar 1944 wurde das Gebäude von Bomben getroffen und brannte aus. Zehn Jahre davor mußten die Leipziger die Diffamierung und Schändung »jüdischer Elemente« des Leipziger Musiklebens durch die Nationalsozialisten hinnehmen. Dem Dirigenten Bruno Walter wurde im März 1933 die Fortführung seiner künstlerischen Arbeit als Gewandhauskapellmeister untersagt. Im November 1934 erklang letztmals für mehr als 10 Jahre eine Komposition Felix Mendelssohn Bartholdys. Im November 1936 wurde sein Denkmal vor dem Neuen Gewandhaus im Musikviertel gestürzt und zerstört. Die Rehabilitierung Mendelssohn Bartholdys konnte erst nach 1945 erfolgen. Betritt man das Foyer zum Mendelssohn-Saal im Gewandhaus am Augustusplatz, dann steht man vor der Bronzestatue Felix Mendelssohn Bartholdys. Sie wurde 1993 zum 250. Geburtstag des Gewandhausorchesters enthüllt. KURT MASUR, Gewandhauskapellmeister von 1970 bis 1996, hat sich große Verdienste um die Pflege der Mendelssohnschen Musik erworben. Er setzte sich außerdem erfolgreich dafür ein, daß das letzte Wohnhaus und Sterbehaus Mendelssohns in Leipzig, im Graphischen Viertel gelegen, als Gebäude erhalten werden konnte.

Am Pult des Orchesters folgte auf Kurt Masur Herbert Blomstedt und nach ihm ab der Konzertsaison 2005/06 Riccardo Chailly als 19. Gewandhauskapellmeister. Mit Chailly gehen wir über den Augustusplatz in die Oper, denn der neue Orchesterchef ist gleichzeitig Generalmusikdirektor der Oper, eine Doppel-Aufgabe, die den Italiener in Leipzig besonders reizt.

Dieses *Opernhaus* ist ein Neubau der Nachkriegsjahre, der an die Stelle des zerstörten Neuen Theaters trat. Eine große Fontäne steigt aus einem flachen Becken auf und verwischt für Minuten die Konturen des Gebäudes, je nachdem, wohin der Wind das Wasser treibt. Der Baukörper will mit seiner strengen Geometrie klassizistische Vorbilder nicht verleugnen. Im Herbst 1960 wurde das Opernhaus mit Richard Wagners »Meistersingern« eröffnet. Diesem Sohn der Stadt, 1813 am Brühl geboren, sah sich Leipzig immer verpflichtet, in allen politischen Systemen. Das Neue Theater war 1868 allerdings mit Goethes »Iphigenie auf Tauris« eingeweiht worden. Schon zehn Jahre später wagten sich die Direktoren an den gesamten »Ring«, die zweite Aufführung nach Bayreuth. Und Wagner telegraphierte enthusiastisch: »Heil Leipzig, meiner Vaterstadt, die eine so kühne Theaterdirektion hat.« Hinter dem Opernhaus, in der schönen Schwanenteichanlage steht seit 1983 eine Bronze-Büste Richard Wagners. Die Stadt hatte immer mehr vor: zunächst ein Wagner-Denkmal an der Promenade, dann in brauner Zeit eine pompöse Weihestätte ... Alles blieb unausgeführt.

In den zwanziger und frühen dreißiger Jahren des vergangenen Jahrhunderts gehörte die Leipziger Opernbühne zu den fortschrittlichsten Deutschlands. 1927 fand die Uraufführung von Ernst Kreneks »Jonny spielt auf« statt, eine Sensation; 1930 kam Brecht/Weills »Aufstieg und Fall der Stadt Mahagonny« auf die Bretter, ein Theaterskandal ohne Beispiel, eindeutig aus politischen Gründen. Udo Zimmermann, der 1990 für zehn Jahre das Haus übernahm, hat Leipzig zu einem europäischen Zentrum zeitgenössischen Musiktheaters gemacht. Er wechselte 2000 nach Berlin. An seinen Leistungen wird sich die Leipziger Opernbühne weiterhin messen lassen müssen.

Als der Bau des Neuen Theaters vorbereitet wurde, mußte ein Hügel abgetragen werden, der Schneckenberg hieß. Auf diesem sitzt am 24. April 1813 ein junger, schwarzhaariger Mann in der schwarzen Uniform des Lützower Freikorps, der Patrioten, die ihr Vaterland als irreguläre Truppe gegen die Napoleonische Armee verteidigten. Der zweiundzwanzigjährige Student ist THEODOR KÖRNER, Sohn von Schillers Herzensfreund. Er schreibt die Verse:

> Was glänzt dort vom Walde im Sonnenschein?
> Hör's näher und näher brausen.
> Es zieht sich herunter in düsteren Reih'n,
> Und gellende Hörner schallen darein
> Und erfüllen die Seele mit Grausen.
> Und wenn ihr die schwarzen Gesellen fragt:
> Das ist Lützows wilde verwegene Jagd ...

Körner fiel im August 1813 in Mecklenburg, zwei Monate vor der Völkerschlacht bei Leipzig. An der Rückfront der

Gewandhaus am Augustusplatz

Oper erinnert eine Tafel an den Freiheitskämpfer und sein bekanntes Lied.

Zum Schluß werfen wir noch einen Blick auf das *Krochhochhaus* mit den Glockenmännern. In Auftrag gegeben hat dieses erste, damals sehr umstrittene Hochhaus 1928 der jüdische Bankier Hans Kroch. Inzwischen gehört das Gebäude wieder der Universität. Die Glockenmänner, den Figuren auf dem Uhrturm in Venedig nachgestaltet, sind zu einem Wahrzeichen der Stadt geworden. Wer den Glöcknern bei der Arbeit zusieht, der wird auch den lateinischen Spruch unterhalb der Glocke lesen: »omnia vincit labor«, übersetzt: »Arbeit überwindet alles«. Diese lebensbejahende Sentenz mag für den einzelnen gelten, sie gilt auch für den Pulsschlag des Augustusplatzes, an dessen partieller Umgestaltung wir teilnehmen werden.

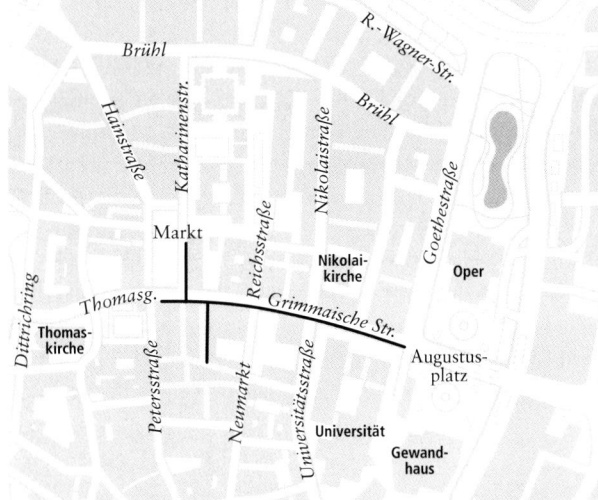

»Mein Leipzig lob' ich mir«

Über die Grimmaische Straße zum Markt

W ir treffen uns diesmal am Eingang der *Grimmaischen Straße*, wo einst das Grimmaische Tor stand und später, von 1835 bis zur Kriegszerstörung, das berühmte *Café Felsche* oder *Café Français*. Durch seine vornehme Ausstattung, mehr noch durch seine prominente Lage, die vom Balkon aus den Blick über den gesamten Augustusplatz erlaubte, wurde das Café auch gern von Literaten besucht, ohne ein ständiger Treffpunkt für sie zu werden wie andere Lokale. Eine Gruppe allerdings muß hier nachmittags oder abends häufig gesessen haben: Ernst Rowohlt und seine Freunde Kurt Pinthus, Walter Hasenclever, Franz Werfel und andere. Das war zwischen 1910 und 1914. Ende Juni 1912 verabredete sich Rowohlt mit Franz Kafka, der in Begleitung seines Freundes Max Brod zu einem kurzen Besuch nach Leipzig gekommen war, in diesem Lokal. Der Gast aus Prag notierte in sein Reisetagebuch: »Café Français. Rowohlt will ziemlich ernsthaft ein Buch von mir.« – Wir kommen noch darauf zurück.

Wir lassen rechts die Ritterstraße liegen und gehen weiter bis zur *Universitätsstraße* linker Hand. Zwischen dieser Straße und dem parallelen *Neumarkt* lag als Durchgangshaus die »Große Feuerkugel«. Der Name des Hauses bezog sich seit dem 17. Jahrhundert auf ein Brandgeschoß, das während des Dreißigjährigen Krieges hier eingeschlagen hatte. Die Bomben des Zweiten Weltkrieges zerstörten alles bis auf eine barocke Toreinfahrt in der Universitätsstraße. Auch die wurde später abgeräumt, heute steht auf diesem Areal die Galeria Kaufhof. Wenigstens eine Tafel an der Neumarktseite des Kaufhauses teilt uns mit, daß in der »Feuerkugel« Lessing und Goethe als Studenten wohnten. Der Frankfurter Buchhändler Fleischer hatte in der »Feuerkugel« sein ständiges Messequartier. Da sich der junge Goethe auf der Reise nach Leipzig im Herbst 1765 in dessen Begleitung befand, nahm auch er in diesem geräumigen Haus Logis.

Goethe hat sich später an seine ersten Eindrücke von der Stadt in »Dichtung und Wahrheit« erinnert: »Als ich in Leipzig ankam, war es gerade Meßzeit, woraus mir ein besonderes Vergnügen entsprang; denn ich sah hier die Fortsetzung eines vaterländischen Zustandes vor mir, bekannte Waren und Verkäufer, nur an andern Plätzen und in einer andern Folge. Ich durchstrich den Markt und die Buden mit vielem Anteil; besonders aber zogen meine Aufmerksamkeit an sich in ihren seltsamen Kleidern jene Bewohner der östlichen Gegenden, die Polen und Russen, vor allem aber die Griechen, deren ansehnlichen Gestalten und würdigen Kleidungen ich gar oft zu Gefallen ging.

Diese lebhafte Bewegung war jedoch bald vorüber, und nun trat mir die Stadt selbst mit ihren schönen, hohen und untereinander gleichen Gebäuden entgegen. Sie machte einen sehr guten Eindruck auf mich, und es ist nicht zu leugnen, daß sie überhaupt, besonders aber in stillen Momenten der Sonn- und Feiertage etwas Imposantes hat, so wie denn auch im Mondschein die Straßen, halb beschattet, halb beleuchtet, mich oft zu nächtlichen Promenaden einluden.

Leipzig ruft dem Beschauer keine altertümliche Zeit zurück; es ist eine neue, kurz vergangene, von Handelstätigkeit, Wohlhabenheit, Reichtum zeugende Epoche, die sich uns in diesen Denkmalen ankündigt. Jedoch ganz nach meinem Sinn waren die mir ungeheuer scheinenden Gebäude, die, nach zwei Straßen ihr Gesicht wendend, in großen, himmelhoch umbauten Hofräumen eine bürgerliche Welt umfassend, großen Burgen, ja Halbstädten ähnlich sind. In einem dieser seltsamen Räume quartierte ich mich ein . . .«

Wie Goethe sich dann sein Studium einrichtete beziehungsweise von Professor Böhme einrichten ließ, wissen wir schon. Frau Hofrätin ging ihm zur Hand, als ihm geraten wurde, seine altmodische Kleidung dem Chic der Stadt Leipzig anzupassen. Auch sein Frankfurter Dialekt mußte ein wenig korrigiert werden, wollte er sich hier nicht lächerlich machen. Seinen Mittagstisch hatte er zunächst bei Hofrat Ludwig, einem »Medikus, Botaniker«, und die dort erörterten naturwissenschaftlichen Themen fanden sein Interesse. Er besuchte die Gemäldesammlungen der reichen Leipziger Kaufleute Winckler in der Katharinenstraße und Richter im Bosehaus am Thomaskirchhof, wo er sich 1765 ins Gästebuch eintrug. Sodann suchte Goethe die barocken Gärten auf, die die Stadt wie ein Kranz umgaben. Der berühmteste war Apels Garten, ganz im französischen Stil, westlich der Stadt. Lassen wir Goethe dort lustwandeln, wir kehren auf die Grimmaische Straße zurück.

Als Lessing, Klopstock und Goethe hier flanierten, bildeten die Grimmaische Straße, die Ritterstraße, in der sich die ersten Kollegien der Universität befanden, sowie die Universitätsstraße das Zentrum der Verlagsbuchhandlungen. In der Ritterstraße konnte man die Weidmannsche Buchhandlung betreten, ein bereits traditionsreiches Unternehmen, das 1745 PHILIPP ERASMUS REICH übernahm, den Christoph Martin Wieland den »Ersten Buchhändler der Nation« nannte. Daß Reich 1764 mit seinem Buchlager von Frankfurt am Main nach Leipzig übersiedelte, war ein Zeichen dafür, daß fortan Leipzig der Mittelpunkt des deutschen Buchhandels und der Buchmessen war. Und hier betrieb Reich denn auch die Gründung der ersten Buchhandelsgesellschaft, eines Vorläufers des Börsenvereins, der sich im 19. Jahrhundert konstituierte. Das hohe Lob Wielands bezog sich wohl auch auf Reichs Verlagsprogramm: Er verlegte Gellert, Wieland sowie die Vertreter der französischen und englischen Aufklärung. Mit Oeser war er gut befreundet. Den Porträtisten ANTON GRAFF beauftragte er, seine Freunde zu malen. Graffs Bilder von Lessing, Moses Mendelssohn, Gellert, Oeser und anderen sind heute im Bestand der Universität oder des Museums der bildenden Künste. In der Grimmaischen Straße, Ecke Ritterstraße, hatte JOHANN FRIEDRICH GLEDITZSCH sein Geschäft. Neben der Gelehrtenzeitschrift »Acta Eruditorum« verlegte er Lexika. Nennen wir noch die Verlagsbuchhändler SIEGFRIED LEBERECHT CRUSIUS, der pädagogische Schriften und Literatur für Jugendliche verlegte, JOHANN FRIEDRICH WEYGAND, der 1774 Goethes »Werther« herausbrachte, und GEORG JOACHIM GÖSCHEN, Zeitgenosse »unserer Klassiker« und seit 1785 ihr Verleger: Schiller, Goethe, Wieland, Klopstock. In diesem Viertel unterhielt Johann Gottlob Beygang ein »Literarisches Museum für Freunde der Wissenschaften, der schönen Künste und Lectüre«. Hier lagen deutsche und ausländische Zeitungen sowie Zeitschriften politischen und literarischen Charakters aus. Damit wurde das »Museum« ein Treffpunkt und Diskussionsklub des intellektuellen Publikums. Diese Einrichtung erwarb ANTON PHILIPP RECLAM 1828, Standort Grimmaische Straße neben Auerbachs Hof. Einige Monate später gründete er den »Verlag des Literarischen Museums« und siedelte sich dann als Verleger im Graphischen Viertel an.

Wir stehen noch an der *Kreuzung von Grimmaischer Straße und Reichsstraße.* Für die Handelsgeschichte der

Stadt Leipzig ist diese Kreuzung von großer Bedeutung. Hier trafen europäische Handelswege aufeinander: die via regia, die West-Ost-Verbindung, auf der auch der junge Goethe durch das Ranstädter Tor in die Stadt gelangte, und die via imperii, die Süd-Nord-Verbindung, die im Straßennamen »Reichsstraße« noch fortlebt. Dem Warenaustausch im näheren Umkreis einer solchen Kreuzung verdankt Leipzig seine späteren Messen. Es waren zunächst Warenmessen, zu denen die Kaufleute mit allem kamen, was sie verkaufen wollten. Ende des 19. Jahrhunderts ging die Stadt zur Mustermesse über, nur noch Muster einer Serie wurden gezeigt. Die dazu erforderlichen großen Ausstellungsflächen, erbaut als Messepaläste, haben das unverwechselbare Großstadtgesicht Leipzigs geprägt. Von den drei Messehäusern, die heute noch an dieser Kreuzung stehen, ist der *Reichshof* der älteste, er konnte 1898 bezogen werden. Der Architekt nutzte die Ecklage für eine neobarocke Schauseite. Dem Reichshof gegenüber steht seit 1908/09 der *Handelshof*. Dieser Messepalast hat eine so große Grundfläche, daß er seine Fassaden nach vier Straßen zeigen kann. An diesem Gebäude wird nicht das Barock ›zitiert‹, sondern mit Rund-Erkern andeutungsweise die Renaissance. Solche Zitate unterstreichen natürlich die Tradition. Sowohl das 16. wie das 18. Jahrhundert sind Blütezeiten der Messen in Leipzig gewesen. Doch mehr noch als der Handelshof fällt heute der *Zentralmessepalast* an der Ecke *Grimmaische Straße/Neumarkt* auf, dessen Name auf die einstige Bedeutung dieser Kreuzung verweist. Zudem hat der Architekt Emil Franz Hänsel, der auch Specks Hof baute, die Fassade in der Grimmaischen Straße mit einem hohen Staffelgiebel ausgestattet, auch dies ein Renaissance-Bezug. Das Gebäude entstand zwischen 1912 und 1914. Inzwischen wurde die Fassade aus

Würzburger Muschelkalkstein gereinigt und strahlt wieder. Diese drei ehemaligen Messehäuser haben mit Messe nichts mehr zu tun. Seit 1996 werden rund dreißig Branchenmessen, übers Jahr verteilt, auf einem modernen Ausstellungspark weit im Norden der Stadt veranstaltet. Aus dem Reichshof ist ein Warenhaus geworden. Der Zentralmessepalast ist vom Haus der Geschichte Bonn für das *Zeitgeschichtliche Forum Leipzig* angemietet worden, das seit Oktober 1999 in einer Dauerausstellung Politik und Alltag der DDR aus der Sicht von Regimegegnern und oppositionellen Kräften mit vielfältigen Exponaten vorstellt. Vor dem Eingang steht die Bronzeplastik »Jahrhundertschritt« des Leipziger Malers und Bildhauers WOLFGANG MATTHEUER. Die deformierte menschliche Gestalt grüßt mit dem Hitlergruß und mit der Faust der Kommunisten. Das linke Bein steckt in einer Offiziershose, das rechte, überlange Bein schreitet weit aus, um die symbolisch dargestellten totalitären Regime des 20. Jahrhunderts möglichst rasch zu überwinden. Der Kopf der Figur ist weit in den Brustkorb gesunken. Ist es Furcht, Hilflosigkeit oder die Auslöschung der Individualität?

Nach dem Handelshof öffnet sich die Grimmaische Straße rechts zum *Naschmarkt*. Dieser kleine, intime Platz ist von großen Gebäuden eingefaßt: der Rückseite des Renaissance-Rathauses, der barocken Börse und einer tiefen Seitenfront des Handelshofes. Vor der Alten Börse steht das *Goethedenkmal*. Dieser Platz hat ein wenig italienisches Flair, wenn Mövenpick im Sommer die Oleanderkübel auf den Freisitz stellt und die großen Sonnenschirme aufspannt, unter denen die Leute Eis schlecken und Bier trinken. Dann scheint es, als wolle Goethe unter sie treten. Denn der junge Mann auf dem Sockel steht nicht, er läuft. Der Bildhauer CARL SEFFNER hat seiner Figur viel Anmut verliehen. Im Rokokokostüm kommt er daher, einen Finger der rechten Hand im Buch, die andere hält den Hut. Dafür mußte ein achtundzwanzigjähriger Turnlehrer aus Seffners Bekanntenkreis Modell stehen. Kniehose, Weste und Überrock stellte der Fundus des Neuen Theaters zur Verfügung. 1903 wurde das Denkmal der Öffentlichkeit übergeben. An den Seitenflächen des Empiresockels sind zwei Medaillons angebracht, Frauenbildnisse, an der Ostseite KÄTHCHEN SCHÖNKOPF, en face, an der Westseite Friederike Oeser, die Tochter des Malers, im Profil. Beide waren wichtige Bezugspersonen in Goethes Leipziger Zeit. Johann Georg Schlosser, ein Frankfurter Bekannter und späterer Schwager Goethes, hatte diesen bei Schönkopfs eingeführt, die am Brühl ein Gasthaus unterhielten (das Haus ist 1842 abgebrochen worden), die Wirtin war Frankfurterin. Tochter Catharina (Käthchen) bediente, und ihr Liebreiz entflammte Goethe. Doch Launenhaftigkeit und Eifersucht, die der junge Liebhaber nicht unterdrücken konnte, führten zum Zerwürfnis. In der kleinen Gedichtsammlung »Annette« hat Goethe seinen Umgang mit der Geliebten poetisch formuliert.

An den Schlaf
Der du mit deinem Mohne
Selbst Götteraugen zwingst,
Und Bettler oft zum Throne
Zum Mädchen Schäfer bringst,
Vernimm: Kein Traumgespinste
Verlang ich heut von dir,
Den größten deiner Dienste
Geliebter, leiste mir.

An meines Mädchens Seite
Sitz ich, ihr Aug spricht Lust,
Und unter neid'scher Seide
Steigt fühlbar ihre Brust;
Oft hatte meinen Küssen
Sie Amor zugebracht,
Dies Glück muß ich vermissen,
Die strenge Mutter wacht.

Am Abend triffst du wieder
Mich dort, o tritt herein,
Sprüh Mohn von dem Gefieder,
Da schlaf die Mutter ein:
Bei blaßem Lichterscheinen,
Von Lieb' Annette warm,
Sink, wie Mama in deinen,
In meinen gier'gen Arm.

Goethes Freund Ernst Wolfgang Behrisch, Hofmeister bei
einem jungen Grafen und wohnhaft in Auerbachs Hof, hatte dieses und andere frühe Gedichte Goethes abgeschrie-
ben und sie so vor der Vernichtungswut des Autors gerettet.

Bevor wir den Naschmarkt verlassen, blicken wir noch
einmal auf die *Alte Börse*, ein helles, blockförmiges Gebäude an der Nordseite des Platzes. Die Gestaltung des Bau-
körpers folgt noch der Architektur der Renaissance, das
Dekor ist schon barock. Festons rahmen die Fenster, ein
doppelter Giebel mit dem Leipziger Stadtwappen schmückt
das Portal zum Obergeschoß. Die beiden Herren Merkur
und Apoll auf der Balustrade hatten wir bereits im Vorwort zitiert. Leipziger Kaufleute erteilten Ende des 17. Jahrhunderts, kaum daß der wirtschaftliche Niedergang im Ver-

laufe des Dreißigjährigen Krieges überwunden worden war, den Auftrag zum Bau einer Börse, um ihren Geschäftsabschlüssen einen würdigen Rahmen geben zu können. Im Zweiten Weltkrieg brannte das Gebäude völlig aus, das Deckengemälde im Saal ging verloren. Wiederaufgebaut und mehrfach renoviert, ist die Börse heute ein Schmuckstück der Stadt. Hier finden literarische und musikalische Veranstaltungen statt.

Vorn am Naschmarkt steht ein *Brunnen mit zwei Löwen.* »Auf diesen Löwen … pflegte ich zu reiten, als ich der ersten Hosen für würdig befunden war. Das war so gegen 1870«, beginnt OTTO JULIUS BIERBAUM seine »Leipziger Erinnerungen«, die er dem Leipziger Bibliophilen-Abend widmete. Sein Vater hatte in der Grimmaischen Straße, gleich gegenüber, eine Gastwirtschaft. Aus Bierbaums launig geschriebenem Text geht auch hervor, daß er in Leipzig die Thomasschule und kurze Zeit die Juristische Fakultät besuchte. Der Lyriker, Erzähler und Publizist Bierbaum gründete 1899, zusammen mit ALFRED WALTER HEYMEL und RUDOLF ALEXANDER SCHRÖDER, die Zeitschrift »Die Insel« und den Insel-Verlag.

Den Naschmarkt im Rücken betreten wir auf der gegenüberliegenden Seite die *Mädler-Passage.* Der Kofferfabrikant Anton Mädler hatte zu Beginn des 20. Jahrhunderts den großen Komplex von Auerbachs Hof erworben und ließ diesen zwischen 1912 und 1914 zu einem Messehaus umbauen. Die neu benannte Mädler-Passage folgt dem Verlauf von Auerbachs Hof, nach der Rotunde biegt der zweite Passagenarm nach Osten ab und kommt auf dem Neumarkt heraus. Über dem zweiten Obergeschoß deckt ein gewölbtes Glasdach die Passage ab. Die Verbindung zu anderen Passagen, der Königshaus- und der Messehofpassage, ist später hergestellt worden. Diese für Leipzig ty-

Zugang zur Mädlerpassage
in der Grimmaischen Straße

pischen Ladenstraßen, von denen manche bekannte durch den Krieg aus dem Stadtbild verschwunden ist, animieren zum Flanieren, zum Kaufen oder zum Platznehmen in einem der Cafés. Auch die Mädler-Passage bietet dazu Gelegenheit.

Wenige Meter nach dem Eingang in der Grimmaischen Straße flankieren zwei Figurengruppen den Abstieg in *Auerbachs Keller*. Hof und Weinkeller hatten ihren Namen von HEINRICH STROMER aus Auerbach in der Oberpfalz erhalten, der 1497 zum Medizinstudium nach Leipzig gekommen war, 1508 schon Rektor wurde und 1519 in das Grundstück einheiratete und es zwischen 1530 und 1538 umbauen ließ. Im Keller richtete er einen Weinausschank ein, der sich bald als gutes Geschäft erwies. Mit der Jahreszahl 1530 ist im Faßkeller ein Stein eingefügt, auf dem ein nackter Bacchus zum Trinken einlädt.

Auerbachs Hof war im 18. Jahrhundert ein berühmter Messeplatz, auf dem Kostbarkeiten aus ganz Europa angeboten wurden: Bijouterien, Seidenwaren, Galanteriewaren und – seit 1710 – sächsisches Porzellan. Kurfürst August der Starke hatte Böttger, den Erfinder des weißen Goldes, zur Leipziger Messe beordert, um die neue kostbare Ware anzubieten. Darauf bezieht sich draußen auf dem Rundbogenportal die Frauengestalt mit der Vase im Arm und hier in der Rotunde ein Glockenspiel aus Meißner Porzellan der Neuzeit.

Es ist anzunehmen, daß Goethe seine Lebensgefährtin Christiane und Söhnchen August im Jahr 1800, als sie gemeinsam, aber heimlich, die Messe in Leipzig besuchten, auch durch Auerbachs Hof geführt hat. In einem Brief, Goethe war aus verständlichen Gründen vorausgeeilt, machte er den Seinen die Stadt schmackhaft: »Es wird dir und dem Kind viel Freude machen Leipzig in dieser schönen Jahreszeit zu sehen [es war Mai!] ... An der Komödie ist nicht viel, du sollst sie aber auch sehen nur um der Vergleichung willen. Sonst gibt es noch mancherlei und besonders die vielerlei Waren werden euch großen Spaß machen. Und ganz ohne Kaufen wird es nicht abgehen, das sehe ich schon im voraus. Du kannst deine Fahrt auf die Naumburger Messe vielleicht dadurch ersparen ... Doch wäre es gut wenn die Equipage ein wenig artig aussähe, denn man fährt doch spazieren ... Bringe nichts als weiße Kleider mit, man sieht fast nichts andres. Ein Hütchen kannst du gleich hier kaufen ...«

Mehr noch als durch das auserlesene Warensortiment sind Hof und Keller durch die Faust-Sage weit über Leipzig hinaus bekannt geworden. Teile dieser Sage sind zu Beginn des 17. Jahrhunderts mit dem Weinkeller verknüpft worden, denn ein Nachfahre Heinrich Stromers ließ 1625 ein Wandbild malen, worauf dargestellt wird, wie Faust, auf einem Weinfaß reitend, einen Keller verläßt. Jeder, der fortan dieses Wandbild sah, sollte annehmen, dieser sonderbare Vorfall habe sich hier in Auerbachs Keller zugetragen. Eine wirksame Werbung bis heute.

Der mehrjährige Aufenthalt Goethes in Leipzig, die gewiß häufigen Besuche in Auerbachs Keller an der Seite seines Freundes Behrisch und der Umgang mit einer Schar von Studenten unterschiedlicher Herkunft und Verhaltensweise haben zur Gestaltung der Szene »Auerbachs Keller in Leipzig« in Goethes großem Drama geführt. Mephisto und Faust nehmen an einem Tisch mit saufenden und lärmenden Studenten Platz, die sich mit derben Späßen und zotigen Liedern unterhalten. Ihr Dialog beginnt mit dem oft zitierten Vers: »Mein Leipzig lob' ich mir! Es ist ein klein Paris und bildet seine Leute«. Mitunter wurde zwar behauptet, diese Sätze aus dem Mund des betrunkenen und anzüglichen Studenten Frosch seien eher ironisch zu verstehen. Doch in Beziehung gesetzt zu dem Brief Goethes an Christiane, in dem kein abfälliges Wort über Leipzig auftaucht, kann man davon ausgehen, daß der Weimarer Staatsminister nach 1800 nicht schlechter über seinen Studienort gedacht hat als fünfunddreißig Jahre zuvor. Für diese Auerbachs-Keller-Szene entlehnt Goethe aus dem Sagenstoff die Episode mit dem Tisch, der verschiedene Weine spendet, wenn er angebohrt wird. Wir wissen, wie die Szene da unten endet: Als die Studenten die Messer ziehen, um sich gegen den teuflischen Spuk zur Wehr zu setzen, werden sie verzaubert und glauben, die Weintrauben vom Stock zu schneiden, dessen süßen Saft sie gerade genossen haben. Ihr Erwachen aus dem Trancezustand hat der Bildhauer Mathieu Molitor in Bronze gießen lassen. So stehen sie seit 1913 auf der Brüstung zur Treppe, ihnen gegenüber Faust und Mephisto. Übrigens, den berühmten Faßritt reduziert Goethe auf die Worte des Studenten Altmayer: »Ich hab' ihn selbst hinaus zur Kellertüre – auf einem Fasse reiten sehn.«

Mädler ließ beim Umbau die historischen Räume neu gestalten. Der Faßkeller ist mit Szenen und Zitaten aus Goethes »Faust« geschmückt, von der Decke hängt eine farbige Holzskulptur, die den Faßritt gleich mit der Reise zur Walpurgisnacht verbindet. Das Kellerlokal wurde nach Süden um einen neuen, größeren Restaurantteil erweitert. Wer dort zu Mittag speist, sitzt zwar in Auerbachs Keller, aber eben nicht ganz am sagenumwobenen Ort.

Wir verlassen die Mädler-Passage und gehen in Richtung Markt. Doch nicht sehr weit, denn gleich nebenan steht unter der Nummer Markt 17 das sogenannte *Königshaus*. Wir müssen ein wenig zurücktreten, um die Fassade zu betrachten. Die barocke Sprache des Hauses ist auf den Erker konzentriert, der über drei Etagen bis an das Mezzaningeschoß unterhalb des Dachgebälks reicht und oben einen Austritt erlaubt. Der reiche Kaufmann ANDREAS DIETRICH APEL, den wir durch ein für die Mitgliedschaft in der Kramerinnung angefertigtes Porträt David Hoyers aus dem Jahre 1712 kennen, hatte dieses große Gebäude am Markt erworben und es 1706/07 im Zeitgeschmack umbauen lassen. Es muß schon davor großartige Räumlichkeiten gehabt haben, denn der Rat der Stadt ließ in diesem Haus auf seine Kosten allerhöchste Herrschaften, die Leipzig besuchten oder auf der Durchreise waren, logieren. So erhielt das Haus seinen Beinamen. Zu den Gästen zählte 1698 der russische Zar Peter I., auch der neue sächsische KURFÜRST AUGUST DER STARKE, der gern und häufig zur Messe nach Leipzig kam. Er hätte in seiner »Nebenresidenz« zwar lieber ein eigenes Schlößchen im Rosental gehabt, aber der Rat verstand es, dem Landesfürsten diese Idee auszureden. Der Kurfürst inspizierte die Messen, um das Warenangebot in Augenschein zu nehmen, die Absatzfähigkeit der sächsischen Manufakturwaren zu beobachten und selbst Einkäufe zu tätigen, unter anderem Pferde. Und er wollte sich in Leipzig amüsieren. Gastgeber Apel hatte inzwischen einen großartigen barocken Garten an der Westseite der Stadt angelegt, in dem es auch einen künstlichen Kanal gab, auf dem der Besitzer 1717 zur Ehre und zum Vergnügen des Fürsten, der seinen Geburtstag feierte, das erste Fischerstechen veranstaltete. Dazu waren venezianische Gondolieri herangeholt worden, die den ansässigen Fischern den Ablauf des Tournierspiels vorführten.

Vierzig Jahre später brachen schwere Zeiten an. Leipzig wurde während des Siebenjährigen Krieges mehrfach von Preußen besetzt und finanziell ausgeplündert. Ratsmitglie-

der und reiche Kaufleute wurden in der Pleißenburg einge-
kerkert, um Kontributionen von ihnen zu erpressen. Im
November 1760 nahm König Friedrich II. von Preußen
sein Winterquartier in Leipzig und wohnte im Königshaus.
Dorthin bestellte er am 11. Dezember Christian Fürchtegott Gellert zum Gespräch, der die Unterhaltung minutiös
aufgezeichnet hat: »Der König: Sind jetzt böse Zeiten?
Ich: Das werden Ew. Majestät besser bestimmen können
als ich. Ich wünsche ruhige Zeiten. Geben Sie uns nur Frieden, Sire! ... Der König: Hat Er den Lafontaine nachgea-
ahmt? Ich: Nein, Sire, ich bin ein Original; das kann ich
ohne Eitelkeit sagen ... Der König: Weiß Er keine von seinen Fabeln auswendig? ... Besinn Er sich. Ich will etliche
Male im Zimmer auf und ab gehen. Nun, hat er eine? Ich:
Ja, Ihre Majestät, den ›Maler‹. [Gellert sagt das lange Gedicht tatsächlich auswendig auf.] Der König: Und die Moral? Ich:

> Wenn deine Schrift dem Kenner nicht gefällt,
> So ist es schon ein böses Zeichen,
> Doch wenn sie gar des Narren Lob erhält,
> So ist es Zeit, sie auszustreichen.«

19. Oktober 1813. Es ist früher Vormittag. Eine Kanonen-
kugel hat das Dach des Königshauses getroffen. Das Ende
der Völkerschlacht ist abzusehen. Schon am Mittag werden die siegreichen Verbündeten die Siegesparade auf dem
Marktplatz abnehmen. Im Erker der Belle Etage reicht
der geschlagene Napoleon Bonaparte dem sächsischen König Friedrich August I. und dessen Frau die Hand zum Abschied. Der französische Kaiser muß sich beeilen, sonst
ist ihm der Fluchtweg nach Westen völlig versperrt. Und
der sächsische Landesfürst muß sich auf seine Gefangen-

schaft in preußischen Händen vorbereiten. – Das Königshaus hat fürwahr Geschichte in Leipzig erlebt.

Gegenüber an der Nordseite des Marktes blicken wir
auf ein Haus mit sehr steilem Dach und hohen Dachreitern.
In einer seiner Mansardenstuben lebte gegen Ende des 18.
Jahrhunderts Johann Gottfried Seume. Als er 1787 nach
Leipzig zurückkehren konnte, hatte er die physischen und
psychischen Qualen als gepreßter Söldner gerade hinter
sich. Er nahm das Studium wieder auf, er wählte Jura und
Philologie. Ab Oktober 1797 war Seume einige Jahre für
den Verleger Göschen tätig, bis er im Dezember 1801 seinen berühmten Spaziergang nach Syrakus antrat.

Wir treten in die Mitte des großen *Marktplatzes*. Er wurde
erst Anfang des 14. Jahrhunderts angelegt, zu einer Zeit,
als die Stadtgemeinde ein hohes Maß an Selbständigkeit
gegenüber der damals geschwächten Territorialmacht er-
rang. Die Anziehungskraft der Leipziger Jahrmärkte muß
schon beträchtlich gewesen sein, sonst hätte es keines
Geleitschutzbriefes bedurft, den Markgraf Dietrich von
Landsberg 1268 ausstellte, um fremde Kaufleute und ihre
Waren bei ihrer Reise nach Leipzig vor Übergriffen zu
schützen. Kaiserliche Privilegien von 1497 und 1507 sicherten die Leipziger Messetermine und damit die Lang-
lebigkeit der Messen in Leipzig. Über Jahrhunderte hinweg
war zur Zeit der Warenmesse der Marktplatz der »Mittelpunkt des Geschäfts«.

Wir wollen an dieser Stelle erneut den Publizisten Joseph
Roth zitieren, der 1931 für die Kölnische Zeitung einen
feuilletonistischen Beitrag über Leipzig schrieb, in dem es
heißt: »... es fehlt dem Handel in Leipzig keineswegs an
einer ehrfurchtheischenden Überlieferung. Eine Stadt, die
zweimal im Jahr so viele und so verschiedene Fremde emp-

fängt, hat wohl den Anspruch auf den Namen einer Weltstadt. Verwunderlich ist nur die Beharrlichkeit, mit der sie ihren provinziellen Charakter wahrt, ihren weltberühmten Dialekt, ihren besonderen Humor, ihre besondere Art, zu essen und eine ganz bestimmte Gattung von Kleinbürgern zu erzeugen. Dabei besitzt diese Stadt die Fähigkeit, sich in den Zeiten der Messe völlig zu verwandeln, eine Art von geschäftstüchtigem Fasching zu feiern, in gutbürgerlichen sächsischen Häusern exotische Menschen aus der Levante, aus dem Ural, aus den Pyrenäen zu beherbergen und, ohne die sächsische Aussprache zu verlieren, sich mit allen glänzend zu verständigen. Ein Wunder von gastfreundlicher Verwandlungskunst und gleichzeitiger Treue zu sich selbst, eben eine besondere Art sächsischer Helligkeit.« – Danke für diese freundliche Ironie! Die sächsische Helligkeit ist noch immer Thema hiesiger Kabarettisten. Doch die Messen haben ihren Standort und ihre Abläufe, besonders nach 1990, stark verändert; davon ist das Verhältnis zwischen der Leipziger Bevölkerung und dem Messegeschehen nicht unbeeinflußt geblieben. Aufgeregtheit damals, Gleichgültigkeit heute ...

Der Marktplatz war über Jahrhunderte hinweg nicht nur Messeplatz, sondern auch Richtstätte. Die letzte öffentliche Hinrichtung fand 1824 statt. Es wurde ein Mörder aufs Schafott geführt, der später in die Weltliteratur eingegangen ist: JOHANN CHRISTIAN WOYZECK. GEORG BÜCHNER beschäftigte sich als Arzt und Schriftsteller mit der Person und dem Prozeß, der sich von 1821, dem Jahr der Tat, bis 1824 hingezogen hatte, weil die Ansichten zwischen Anklage und Verteidigung hinsichtlich des psychischen Zustands des Delinquenten nicht übereinstimmten. Schließlich kam es am 27. August 1824 doch zur Hinrichtung. Es war ein Schauspiel, das sehr viel Publikum anzog; sogar die Schulen waren an diesem Vormittag geschlossen.

Und der Marktplatz war ein Ort politischer Manifestationen. »Blum soll sprechen!« hieß es am Abend des 3. März 1848, nachdem eine Leipziger Delegation, die sich mit demokratischen Forderungen an den sächsischen Hof gewandt hatte, ohne Ergebnis von dort zurückkehrte. ROBERT BLUM war unter verschiedenen Rednern auf dem Balkon des Alten Rathauses der einzige, der sich Gehör verschaffen konnte, dem Sympathie entgegenschlug und der konsequent den Rücktritt aller Minister des Dresdner Kabinetts forderte. Blum hatte sich in Leipzig, dem deutschen Zentrum des Buchhandels und dem Erscheinungsort zahlreicher Zeitschriften mit unterschiedlichen Positionen, zu einem revolutionären Publizisten und glänzenden Redner entwickelt. Man sandte ihn als Delegierten zum Frankfurter Parlament, von dort aus eilte er den Wiener Barrikadenkämpfern zu Hilfe, wurde gefaßt und im November 1848 hingerichtet. Erde von seinem Grab liegt seit 1948 hinter einer Gedenktafel am Portal des Alten Rathauses.

Auch eine Manifestation der neueren Zeit verdient Erwähnung. Die Ereignisse des Herbstes 1989 wurden im Januar durch eine Kundgebung auf dem Marklplatz eingeleitet, zu der die »Initiative zur demokratischen Erneuerung unserer Gesellschaft« aufgerufen hatte. Bei der anschließenden Demonstration führt die Polizei dreiundfünfzig Bürgerrechtler und Oppositionelle ab.

Nun betrachten wir etwas eingehender das *Alte Rathaus*, das die gesamte Ostseite des Marktplatzes einnimmt. Vor rund 450 Jahren, 1556, wurde der gotische Vorgängerbau wegen erheblicher Schäden umgebaut, und so entstand dieses herrliche Renaissance-Gebäude, eines der schönsten

Altes Rathaus

Rathäuser Deutschlands. Die Bauaufsicht übte der damalige Bürgermeister HIERONYMUS LOTTER aus, der hervorragende Obermeister mit der Ausführung betrauen konnte. Die Horizontale des neunzig Meter langen Gebäudes wird durch sechs Zwerchgiebel im hohen Dach gegliedert, die die Firsthöhe nicht überragen. Der Turm steht links im Goldenen Schnitt. Diese Asymmetrie trägt viel zum Charme des Gebäudes bei. Da dieser Turm in der Mitte des 18. Jahrhunderts aufgestockt wurde, erhielt er eine für die Zeit typische barocke Haube. Die schmalen Stirnseiten des Rathauses werden nach Norden und nach Süden durch hohe Staffelgiebel abgeschlossen, die nach 1900 an verschiedenen Stellen der Stadt nachgebaut wurden – wir haben das bereits gesehen. Die Arkaden an der Marktseite aus Rochlitzer Porphyr, der eine kräftige Farbe ins Gebäude bringt, sind erst im Zusammenhang mit der Sanierung zu Beginn des 20. Jahrhunderts angesetzt worden. Dahinter lagen zahlreiche, während der Messe besonders gefragte Kaufgewölbe.

Seit seiner Errichtung bis 1904 war das Rathaus Sitz der Stadtverwaltung. Als zu Beginn des vorigen Jahrhunderts die Einwohnerzahl stark anstieg und Leipzig großstädtische Bedeutung erlangte, wurde ein wesentlich größeres Rathaus erforderlich. Der Rat entschloß sich, dem Land Sachsen die Pleißenburg an der Südwestecke der Innenstadt abzukaufen, die alte Festung niederzureißen und auf einem Teil dieses Areals ein neues Rathaus zu bauen. Das Alte Rathaus aber blieb erhalten, und nach der Sanierung konnte in ihm das *Stadtgeschichtliche Museum* eröffnet werden.

Der Festsaal des Alten Rathauses, den wir über eine Treppe im Turm betreten können, bildet den Mittelpunkt einer Dauerausstellung zur Geschichte der Stadt. In diesem

Saal, der nach wie vor für besonders festliche Veranstaltungen der Stadt Leipzig genutzt wird, fanden einst Fürstenhuldigungen, Patrizierhochzeiten, Innungsfeste und Studentenbälle statt. Auf die dort versammelten Menschen schauen die Herrscher aus dem Haus Wettin herab, die in großen Porträts an der östlichen Längsfront des Saales hängen. Darunter, kleinformatiger, die Leipziger Stadtrichter von 1632 bis 1806. Auch andere Objekte in diesem Saal verweisen darauf, daß im Alten Rathaus Recht gesprochen wurde. In der Ratsstube nebenan mit ihrer herrlichen Holzdecke aus dem 16. Jahrhundert hängt das einzig authentische Porträt Johann Sebastian Bachs, das Elias Gottlob Haußmann 1746 zu Lebzeiten Bachs gemalt hat. In diesem Raum hat Bach am 5. Mai 1723 sein Anstellungsverhältnis mit der Stadt unterschrieben. An der Nordseite des Rathauses, in den ehemaligen Räumen des kursächsischen Oberhofgerichts, ist das Zeitalter der Reformation thematischer Schwerpunkt der Dauerausstellung. Hier hängen Gemälde von Lucas Cranach und seiner Schule.

Der Zweite Weltkrieg verschonte das Alte Rathaus nicht. Fotos von 1945 zeigen den zerstörten Turm und den ausgebrannten Dachstuhl. In der Nachkriegszeit gehörte das Alte Rathaus zu den ersten Gebäuden, die völlig wiederhergestellt wurden.

Eins fällt vielleicht noch auf: das lange Schriftband unterhalb der Traufe, das um das gesamte Gebäude läuft. 1672 wurde dieser lange Satz aufgemalt, der an den Baubeginn des Rathauses und den damals regierenden Herzog August mit allen seinen Titeln erinnert. Der Satz endet mit einer Lobpreisung Gottes: »... Denn wo der Herr die Stadt nicht bauet so arbeiten umsonst die daran bauen ...«

Vierter Spaziergang

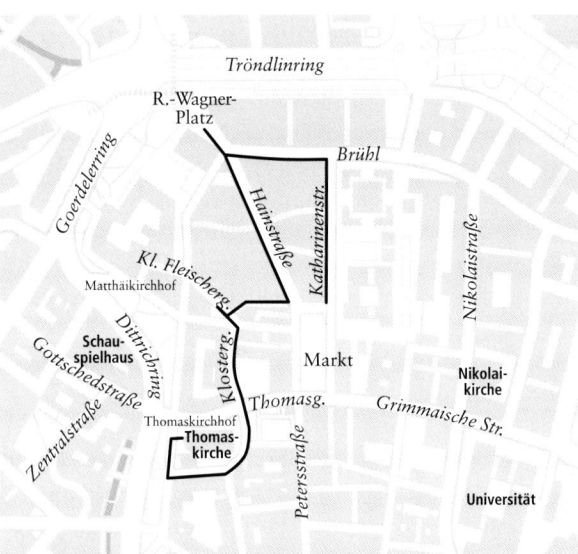

Von der Thomaskirche über die Klostergasse und die Hainstraße zum Brühl und von dort über die Katharinenstraße wieder zum Markt

Zum vierten Spaziergang treffen wir uns auf dem *Thomaskirchhof*. Am *Bachdenkmal* liegen oft Blumen. Viel öfter klicken dort die Fotoapparate. Häufig stehen auch Gruppen mit einem Gästeführer auf dem Thomaskirchhof. An Bach kommt einfach niemand vorbei.

Auch hier ist Carl Seffner der Schöpfer des Denkmals. Er hatte zwei Vorlagen: Das Haußmann-Gemälde und den Schädel der Bach-Gebeine, die 1894 auf dem Alten Johannisfriedhof exhumiert worden waren, wo Johann Sebastian Bach am 31. Juli 1750 vorerst seine letzte Ruhe gefunden hatte. Die Kommission mit dem Anatomen Wilhelm His war sich nach mehrfacher Grabung ziemlich sicher, die sterblichen Überreste Bachs zutage gefördert zu haben ...

Bach ist im Denkmal als tätige Persönlichkeit dargestellt. Die rechte Hand hält eine Notenrolle, die linke greift hinter sich, wo eine Orgel steht. Bach war ein beeindruckender Orgelspieler, schon seine Thüringer Lebensstationen belegen das, und ein gefragter Gutachter für neue Orgeln. So hat er 1717, etwa fünf Jahre vor seiner Leipziger Zeit, eine neue Orgel in der Universitätskirche geprüft. Doch als Organist oder Cembalospieler konnte er eher in Dresden oder Potsdam Aufsehen erregen als in Leipzig. Wir blicken nochmals zum Denkmal: Daß die Knöpfe seines Rocks nicht alle ordentlich zugeknöpft sind und daß gar eine Manteltasche heraushängt, überläßt der Bildhauer der freien Interpretation der Betrachter. Beschäftigt genug war Bach, mit Unterrichten, Komponieren, Musizieren und als Vater seiner zahlreichen Kinder. Er hat sich um seine Söhne rührend gekümmert, auch wenn sie schon längst aus dem Haus waren. Das Denkmal mit der zweieinhalb Meter hohen Figur auf einem Postament wurde am 17. Mai 1908 eingeweiht.

Neben der Thomaskirche steht seit 1904 die Superintendentur. An dieser Stelle befand sich vorher die Thomasschule (als Relief dargestellt auf der Rückseite des Denkmals). Sie ist eine Gründung der Augustiner-Chorherren, die das Thomaskloster 1212 übernahmen und wohl gleichzeitig eine Schule eröffneten, in der sie Schüler auch armer Herkunft aufnahmen. Ein Teil von ihnen wurde für musikalisch-liturgische Aufgaben in und außerhalb der Kirche herangezogen. Nach der Einführung der Reformation 1539 übernahm der Rat der Stadt das Patronat über Thomasschule und Thomaner. In der Thomasschule hatte Bach seine Dienstwohnung, dort wohnten auch die Thomaner, und dort fand der Unterricht statt. Erst 1877 zogen die Jungen in ein neues Schulhaus und wenig später in ihr neues Alumnat in der Hillerstraße, jenseits des Rings in der Westvorstadt. Bach standen fünfzig Sänger unterschiedlicher Qualität zur Verfügung, heute gehören rund neunzig Sänger zum Thomanerchor, obgleich nicht alle wegen der Veränderung der Stimme immer einsatzfähig sind.

2012 wird der Thomanerchor sein achthundertjähriges Jubiläum feiern können, sicher unter Leitung seines jetzigen Kantors, des 16. nach Bach, GEORG CHRISTOPH BILLER. Er ist seit 1992 im Amt und selbst ehemaliger Thomaner gewesen. Deshalb kennt er die Sorgen und Wünsche seiner Jungen gut. Das Ansehen des Chores, die Gewährleistung eines hohen künstlerischen Niveaus unter den gegenwärtigen schwierigen Bedingungen erfordert, daß alle Thomaner zu großen physischen Anstrengungen bereit sind.

Der Schriftsteller HANS CAROSSA, der von 1900 bis 1903 in Leipzig Medizin studierte und hier seine Approbation erwarb, erinnert sich in seiner autobiographischen Erzählung »Der Tag des jungen Arztes« an ein großartiges musikalisches Erlebnis: »Daß ich mit einigen Tischgenossen ... an Samstagnachmittagen regelmäßig in die Thomaskirche ging, um dort die Motetten zu hören, in denen der Thomanerchor unter Leitung seines jeweiligen Kantors die Bachschen Choräle mit wunderbar geübten Stimmen sang, wurde mir nach und nach Bedürfnis. Es war das erste Mal, daß ich protestantische Kirchenmusik hörte, und ich dachte an das Landshuter Gymnasium zurück, wo ich selbst in Kantaten und Litaneien mitgesungen hatte. Die Urform aller katholischen Kirchengesänge ist aber der Gregorianische Choral; diesen hatte ich einst in der Landshuter Gesangsstunde aus allen Darbietungen herausgehört, auch wenn die Sänger noch so unvollkommen gewesen waren. Hier in Leipzig waren die jungen Sänger ebenfalls Gymnasiasten; sie wurden im Griechischen und Lateinischen unterrichtet wie wir; aber ihr Gesang hatte einen Ernst und eine Tiefe, die wir niemals erreicht hatten.«

Von den einstigen Thomaskantoren nach Bach wollen wir nur auf KARL STRAUBE verweisen. Er kam 1903 zunächst als Organist an die Thomaskirche und wurde 1918 zum Thomaskantor berufen. Große Verdienste erwarb sich Karl Straube um die Aufführung der Kantatenzyklen, von denen vier 1931 durch den Mitteldeutschen Rundfunk aufgezeichnet und ausgestrahlt wurden, und um die Organisation mehrerer Bachfeste. Er unternahm mit den Thoma-

Bachdenkmal an der Thomaskirche

nern die erste Auslandsreise nach Skandinavien. Mit dem Verleger Anton Kippenberg stand der Thomaskantor in einem freundschaftlichen Verhältnis. Der Insel-Verlag stellte auf Anregung Straubes zwei kostbare Faksimile-Ausgaben her, nämlich die Matthäus-Passion (1922) und die Hohe Messe (1924). 1929 empfahl Straube dem Verlag eine deutsche Ausgabe der Bach-Biographie des Engländers Charles Sanford Terry, die der Insel-Verlag veröffentlichte. 1935 widmete der Verleger seinem Freund eine Phantasieerzählung, in der Bach in eine abendliche Runde bei Kippenbergs tritt, die anwesenden Gäste kennenlernt und Überraschendes zur Bachpflege erfährt. Kippenberg hat in diesem Text das Zeitgeschehen nicht ausgespart und Bach als Beispiel einer unantastbaren und überdauernden »Großtat des deutschen Geistes« verstanden. »Als aber ein Gast ... die Befürchtung aussprach, der deutsche Geist sei in Gefahr, da fiel er (Bach) in ein kurzes Sinnen, dann richtete er sich hoch auf wie ein Prophet und rief: ›O ihr Kleingläubigen!‹«

Nun betreten wir die *Thomaskirche*, in der Regel durch den Südeingang hinter dem Denkmal. Trotz der frischen Farben nach der umfassenden Sanierung des Gotteshauses zum Bachfest 2000 fällt uns die Nüchternheit dieses Kirchenraumes im Vergleich zur Nikolaikirche auf. Dieser Zustand geht auf das reformatorische Konzept Martin Luthers zurück, der Pfingsten 1539 mit einer Predigt in dieser Kirche die Reformation eingeführt hatte.

Die Kirche verfügt über zwei Orgeln: die Sauer-Orgel über dem Westportal, die mehr als hundert Jahre alt ist und als Begleitinstrument noch ihre Dienste voll erfüllt, und die neue Konzertorgel auf der Nordempore, die die Kirche anläßlich des Bach-Festes 2000 anfertigen ließ. Zu den hervorragendsten Organisten in Leipzig gehörte

MAX REGER. Er schrieb 1905 unter das Notenbild b-a-c-h »ist Anfang und Ende aller Musik.«

Wir gehen auf den Altarraum zu. Vor uns liegt die Grabplatte der letzten und seit 1949/50 endgültigen Ruhestätte Johann Sebastian Bachs. Ein kostbarer, spätgotischer Flügelaltar, angefertigt Ende des 15. Jahrhunderts, ist auf dem Altartisch aufgestellt. Er stammt aus der gesprengten Universitätskirche und wird möglicherweise dorthin zurückkehren, wenn der Wiederaufbau dieser Kirche am Augustusplatz seinen Abschluß gefunden hat.

Wir werfen noch einen Blick auf die Kirchenfenster an der Südseite, die Ende des 19. Jahrhunderts gestiftet wurden. Eines der Fenster erinnert an den schwedischen König Gustav Adolf, der im Dreißigjährigen Krieg die protestantische Seite unterstützte, eines an Bach, eines an Luther und eines seit 1997 an Mendelssohn Bartholdy.

Durch den Haupteingang verlassen wir die Kirche Richtung Westen. Auf einer kleinen Tafel links neben dem Portal lesen wir, daß sich der Minnesänger Heinrich von Morungen 1217 in das Thomaskloster »einkaufte«, um hier sein Lebensende zu erwarten. Wenn wir uns nach links wenden, sehen wir zwischen den Bäumen und Büschen des Promenadenrings das älteste *Bachdenkmal* von 1843, das Felix Mendelssohn Bartholdy in Auftrag gab. Er finanzierte es durch eigene Konzerte, auch durch Konzerte als Organist in der Thomaskirche. In Form eines Tabernakels zeigt das Denkmal an der Nordseite die Büste Bachs, an den anderen Seiten sinnbildlich seine Haupttätigkeiten: Orgelspielen, Lehren, Komponieren.

Wir gehen zum Thomaskirchhof zurück und betrachten noch das *Bosehaus* auf der rechten Seite. Der barocke Charakter der Vierflügelanlage wird sichtbar, wenn wir den Hausflur durchschreiten und in den Hof eintreten. Familie

Bose, reiche Bürger der Stadt, kaufte dieses Grundstück und ließ es 1711 umbauen. Die freundschaftlichen Beziehungen der Boses und der Bachs waren der Anlaß für eine gründliche Rekonstruktion und Sanierung des Gebäudes Thomaskirchhof 16 von 1983 bis 1985, dem 300. Geburtstag Bachs. Hier hat das Bach-Archiv (1950) seinen Sitz, bestehend aus der wissenschaftlichen Forschungsstelle und dem Bach-Museum. Im Sommersaal im Hinterflügel finden in schönem Ambiente regelmäßig kammermusikalische Aufführungen statt. Seit 1999 veranstaltet die Stadt Leipzig das internationale Bach-Fest, das in der Regel im Juni stattfindet und Tausende Musikfreunde in die Bachstadt lockt.

Wir stehen wieder auf dem Thomaskirchhof. Das *Café Concerto* neben dem Musikalien-Antiquariat wurde ebenfalls 1985 eingerichtet. Der Besucher sitzt auf rotem Plüsch und kann in Ruhe die sechs Metallätzungen zu den sechs Brandenburgischen Konzerten Bachs von Rainer Schade, Leipzig, betrachten. Wir gehen am *Bachstüb'l* und dem *Apothekenmuseum*, gemütliches Lokal und Museum unter einem Dach, vorbei Richtung Markt. Rechts an der Ecke bietet *Café Kandler* Leipziger Lerchen aus eigener Konditorei an. Was hat es damit auf sich? Im 18. Jahrhundert wurde dieser Singvogel als Delikatesse verspeist. Für GIACOMO CASANOVA waren sie eine Erinnerung wert: »Da die Leipziger September-Messe (1766) sehr schön war, so fuhr ich dorthin, um zu meiner Kräftigung (!) recht viele Lerchen zu essen, die mit Recht sehr berühmt sind«, lesen wir in seinem Lebensbericht. Der weltgewandte Charmeur hatte sich am Hof in Dresden aufgehalten und einen Abstecher nach Leipzig gemacht, wo er – wie sollte es anders sein – zwei amouröse Abenteuer hatte. Wir wissen nicht, wo er logierte und in welchem Lokal er die Lerchen verzehrte. Ende des 19. Jahrhunderts verbot Sachsen die Jagd auf Lerchen, und ein pfiffiger Konditor ersetzte den gebratenen Vogel durch ein kleines Mürbeteiggebäck, das mit Mandeln, Nüssen und Erdbeerkonfitüre gefüllt ist. In einem amüsanten Gedicht von 1735 werden die Leipziger Lerchen mit den Leipziger Frauenzimmern verglichen, zehn Strophen lang. Hier nur die erste und die letzte:

> In Leipzig sind zwei Trefflichkeiten,
> Worüber alle Fremden schrein,
> Das sollen ohne Widerstreiten
> Die Jungfern und die Lerchen sein.
> Und seht! Ihr gleicht euch auch zusammen
> Wie Eier, die von Eiern stammen.
> …
> Das Lerchenfleisch ist zart und süße,
> Und sein Geschmack durchaus beliebt,
> Weit zarter aber sind die Küsse,
> Die uns ein schöner Engel gibt.
> Je mehr an beider Labsal schmecket,
> Je mehr es Appetit erwecket.

Der Autor hieß CHRISTIAN FRIEDRICH HENRICI, alias PICANDER, er war ein Vielschreiber, der verschiedenste Anlässe geläufig zu bedienen wußte. 1727 stellte er für Bach die Texte der Matthäus-Passion zusammen.

Wir stehen nun auf der anderen Seite der Kirche, gehen ein kleines Stück hinab bis zum Dittrichring und blicken in die *Gottschedstraße*. An der Ecke *Zentralstraße* steht auf einer Fläche eine Anzahl Bronzestühle, es sind einhundertvierzig. Sie füllen das Mittelschiff der ehemaligen größten Leipziger Synagoge, die 1855 geweiht und in der Pogromnacht der Nationalsozialisten im November 1938

Thomaskirche von Osten

niedergebrannt wurde. »Einhundertvierzig« bedeutet im Hebräischen soviel wie »stehen, aufstehen«. Wer sich in der Gedenkstätte aufhält, sollte sich auf einen Stuhl setzen und beim Aufstehen die Erinnerung an die ausgegrenzten, verfolgten und ermordeten ehemaligen jüdischen Bürger dieser Stadt mitnehmen. Im Juni 2001 weihten die Stadt und die Israelitische Religionsgemeinde diese Gedenkstätte feierlich ein. Sie liegt inmitten eines belebten Viertels mit Sprechbühnen und zahlreichen Kneipen.

Vorn an der rechten Ecke zum Dittrichring stand bis zu seiner Zerstörung im Krieg das *Café Merkur*. Dieses Lokal war ein bevorzugter Treffpunkt von Künstlern. Hier saßen gern der Publizist HANS REIMANN und der Maler und Illustrator Max Schwimmer. Reimann brachte 1919 eine satirische Zeitschrift heraus, sie hieß »Der Drache«. Das Logo schuf Schwimmer. Darin veröffentlichten neben Reimann Joachim Ringelnatz, Walter Mehring, Joseph Roth, Erich Kästner, Sandor Marai und andere Schriftsteller und Journalisten. 1920 schrieb Roda Roda an Reimann: »Sehr geehrter Herr Reimann, sind Sie verrückt? So viel Verstand, Witz, Temperament in der Provinz verpuffen!… Nehmen Sie sofort auf meine Kosten ein Billett nach Berlin, und geben Sie dort den »Drachen« heraus …« Doch der »Drache« erschien, auch unter einem anderen Herausgeber, weiterhin in Leipzig, bis 1925. Dann fehlte es an Inseraten … Hans Reimann unterhielt außerdem zwischen 1921 und 1923 das Kabarett »Die Retorte« in der Nordvorstadt, in dem die Satiriker und Parodisten Walter Mehring, Joachim Ringelnatz (»Die Berge sind so schön, so erhaben! / Aber es gibt hier keine.«) und Erich Weinert auftraten. Das lokale Kolorit der Kabarett-Kultur in Leipzig haben auch die Dialektpoeten geprägt, Reimann war selbst einer und die unverwüstliche Lene Voigt.

Im »Merkur« kam ein Stammtisch zusammen, immer donnerstags. Friedrich Michael, ein langjähriger Mitarbeiter des Verlegers Anton Kippenberg, Julius Zeitler, Publizist und Verleger sowie die Schriftsteller Valerian Tornius und Franz Adam Beyerlein gehörten zu den Teilnehmern. Michael schildert in seinem Buch »Der Leser als Entdecker«, wie stark die sonst so lebhaften Debatten durch die heraufziehende Naziherrschaft zu Beginn der 30er Jahre gedämpft wurden, wie Unsicherheit um sich griff, so daß man es schließlich vorzog, das »Merkur« zu meiden und sich lieber in der Wohnung des einen oder anderen zu treffen.

Nun gehen wir wieder ein Stück zurück, um das Gebäude der Commerzbank herum, das 1904 als Kaufhaus eröffnet worden war, in die *Klostergasse*. Der Name sagt uns, daß sich bis hierher das ehemalige Thomaskloster erstreckte. Mitte des 18. Jahrhunderts entstand auf diesem Areal der große Barockbau, an dem wir jetzt vorbeigehen, heute Bestandteil des Münchner Restaurants »Paulaner«. Der Innenhof ist ein ovaler Raum, der den Gästen einen behaglichen Platz zum Essen und Trinken bietet und außerdem als Spielstätte für unterhaltendes Sommertheater geeignet ist. Am Ende der Gasse rechter Hand befindet sich das Traditionslokal *Zills Tunnel* mit vorwiegend sächsischer Küche.

Die Klostergasse mündet auf einem kleinen Platz mit dem Lipsia-Brunnen. In der gegenüberliegenden Häuserzeile der *Kleinen Fleischergasse* steht das Lokal »*Zum Coffe Baum*«. Über der Eingangstür hängt seit 1720 ein großes steinernes Hauszeichen. Zum Verständnis der dargestellten Szene berufen wir uns auf Friedrich Wilhelm Zachariä, in dessen Epos »Der Renommist« (Goethe kannte die Dichtung und den Autor persönlich) folgende Stelle zu finden ist:

Der Eingang zeigt sogleich in einer Schilderei,
Daß dies des Kaffeegotts geweihter Tempel sei.
Es liegt ein Araber an einem Kaffeebaume;
Ihm bringt in hellem Gold von dem durchsüßten Schaume,
Den man aus Bohnen kocht, die die Levante schickt,
Ein nackter Liebesgott, der lächelnd auf ihn blickt. (1744)

Der »Coffe Baum« ist nach Auerbachs Keller das zweite historische Lokal der Stadt, das viele Touristen, den Finger im Reiseführer, aufsuchen. Wir treten in den Hausflur und gehen gleich links in die rustikale Gaststube, in der getrunken und gegessen wird. Kaffee trinken wir weiter oben. Wer hier nicht alles gesessen hat! Das *Schumann-Eck* fällt uns gleich auf, eine Menge Bilder halten den prominenten Gast fest. Bevor der württembergische Schriftsteller PETER HÄRTLING seinen Roman »Schumanns Schatten« zu schreiben begann, kam er hierher, um den genius loci auf sich wirken zu lassen: »Jedesmal war das Lokal überfüllt ... Lauschte ich rundum, blieben die Wörter und Sätze ohne Sinn. Nicht ganz. Eine bestimmte Klangfarbe setzte sich durch. Sie half mir zwar nicht, die Palaver der Bündler zu beleben. Doch sie führte zu einer Einsicht, mit der ich überrascht und vergnügt die Kneipe verließ: Die Davidsbündler haben, mit wenigen Ausnahmen, sächsisch gesprochen.« ROBERT SCHUMANN kam 1828 aus Zwickau nach Leipzig, sollte hier Jura studieren, wechselte später endgültig zur Musik und nahm Wohnung bei seinem Klavierlehrer Friedrich Wieck, Ecke Grimmaische Straße / Reichsstraße (eine Tafel am Handelshof weist darauf hin). Dessen Tochter CLARA, das Wunderkind auf dem Pianoforte, war neun Jahre alt. Im »Coffe Baum« saß Schumann oft, umgeben von seinen Freunden, trank viel Tucherbier, diskutierte heftig oder versank, am Tisch sitzend, in seine Phantasiewelt. Sein Freundeskreis, den er die Davidsbündler nannte, war von Roberts Genialität überzeugt, folgte seiner kritischen Sicht auf die aktuelle Musikszene und half ihm später bei der Herausgabe der Neuen Zeitschrift für Musik. In Leipzig lernte Schumann Wagner, Mendelssohn und Chopin kennen. Als Mendelssohn 1843 das Konservatorium einrichtete, gab er seinem Freund Robert eine Stelle als Klavierlehrer.

Hier unten treffen wir auch Ernst Rowohlt wieder, und ihn nicht allein. Kurt Pinthus erzählt davon: »In den Jahren 1911-1914 war es fast wie ein Ritual, daß wir uns abends noch einmal trafen, meist in dem 1692 gegründeten Restaurant ›Der Kaffeebaum‹, Kleine Fleischgasse am Markt, schon ein Stammlokal Goethes, später Robert Schumanns, Wagners, Liszts. ... Hier regierte Rowohlt an einem blankgescheuerten Holztisch, und es wurde viel Pilsner Bier getrunken zum Strammen Max.«

Über die schmale Holzstiege steigen wir in die erste Etage hinauf, wo erlesen gespeist werden kann. Darüber liegen die Cafés, das arabische, das französische und das Wiener Café. Die ersten Kaffeebohnen waren Ende des 17. Jahrhunderts in die Handelsstadt Leipzig gekommen. Besonders die Damen frönten dem Kaffeegenuß, was als bedenklich galt; die Poeten hatten ihr Thema. Bach, der mit seinem collegium musicum auch an »weltlichen« Orten musizierte, fragte bei Picander an, und der lieferte ihm prompt ein Libretto. So entstand die köstliche Kaffee-Kantate »Schweigt stille, plaudert nicht«, in der ein besorgter Vater Schlendrian seiner Tochter Liesgen den Mann verweigern will, es sei denn, sie ließe vom Kaffee:

4. Arie – Sopran
Liesgen
Ei! Wie schmeckt der Coffee süße,
Lieblicher als tausend Küsse.
Milder als Muskatenwein.
Coffee, Coffee muß ich haben ...

9. Rezitativ – Tenor
Nun geht und sucht der alte Schlendrian,
Wie er vor seine Tochter Liesgen
Bald einen Mann verschaffen kann.
Doch Liesgen streuet heimlich aus:
Kein Freier kommt mir in das Haus,
Er hab es mir denn selbst versprochen
Und rück es auch der Ehestiftung ein,
Daß mir erlaubet möge sein,
Den Coffee, wenn ich will, zu kochen.

Von den Cafés aus gelangt man unmittelbar ins *Kaffee-Museum*, das in sechzehn kleinen Stuben des Hinterhauses Zeugnisse der sächsischen Kulturgeschichte des Kaffees zeigt: Handmühlen und Espresso-Maschinen, Porzellantassen und Kaffeehausmobiliar, Kaffeewerbung und Kaffeehymnen.

Wir verlassen das gastliche Haus, wenden uns nach links, durchschreiten einen Hausdurchgang und stehen in einem überraschend geräumigen Hof: *Barthels Hof*, einem der »himmelhoch umbauten Hofräume«, die den jungen Goethe so begeisterten. Aus dem hohen Dachbereich ragen noch die Aufzugsbalken heraus, mit denen einst die Warenballen zum Stapeln nach oben gezogen wurden, heute freilich nur noch Attrappen. Kontore, vornehme Wohnungen, auch für Meßfremde, und im Erdgeschoß zahlreiche Kaufgewölbe bildeten die Funktionsbereiche dieser »Halbstädte«. Das Lokal »Barthels Hof« nutzt die Hoffläche von Frühsommer bis Spätherbst als Freisitz. An der Schmalseite, über dem Durchgang zur Hainstraße, hängt unter dem spätgotischen Giebel ein Renaissance-Erker. Es ist das älteste Architekturelement dieser Zeit in Leipzig, der Erker samt Giebel hing ursprünglich an der Straßenseite und stammt von 1523. In dem geöffneten Buch sind die Besitzverhältnisse beschrieben. An der Konsole des Erkers erkennt man das alte Hauszeichen: »Zur goldnen Schlange«.

Wir treten auf die *Hainstraße* hinaus, die vom Markt Richtung Rosental führt, was das Wort ›Hain‹ erklärt. Hier haben Rekonstruktionen, Sanierungen und auch Lückenbebauungen dazu geführt, daß diese Straße wieder zu einer ansehnlichen und beliebten Fußgängerzone wurde. Schauen wir an der Fassade von Webers Hof, Hainstraße 3, hinauf! Der Giebel, der Kastenerker und das Dekor aus Blumen- und Fruchtgehängen zeigen den Übergang von der Renaissance zum Frühbarock.

Am Gebäude Hainstraße 5 entdecken wir zwei Medaillons mit den Bildnissen von Friedrich Schiller und seiner Frau Charlotte. Sollte hier Schiller gewohnt haben, wo heute Jugendkonfektion verkauft wird? »Leipzig erscheint meinen Träumen und Ahndungen wie der rosigte Morgen jenseits den waldigten Hügeln. In meinem Leben erinnere ich mich keiner so innigen prophetischen Gewißheit, wie diese ist, daß ich in Leipzig glüklich seyn werde«, schrieb dankbar der fünfundzwanzigjährige Schiller an den Mann, der ihn – auch im Namen seiner Freunde – in die Messestadt eingeladen hatte. Christian Gottfried Körner, der drei Jahre ältere Jurist, konnte es sich finanziell leisten, dem Verfasser der »Räuber« einen mehrmonati-

Barthels Hof

gen Aufenthalt ohne materielle Sorgen zu bezahlen. Am
17. April 1785 traf Friedrich Schiller in Leipzig ein. Körner
war dienstlich in Dresden. Die Schwestern Minna und
Dora Stock und ihr Freund Ferdinand Huber begrüßten
Schiller, der ihnen nicht »mit rundgeschnittenen Haaren,
Kurierstiefeln und Hetzpeitsche«, eben als Karl Moor, ent-
gegentrat, sondern als »schüchterner junger Mann, dem
die Tränen in den Augen standen, der kaum wagte, uns an-
zureden . . .«, so Minna Stock. Schiller wohnte zunächst im
»Kleinen Joachimsthal«, Hainstraße 5, wo wir jetzt stehen.
Im 18. Jahrhundert war dies ein Gasthaus, in dem Schiller
auch 1789 noch einmal logierte, diesmal mit Charlotte.
1906 war das Gebäude umgestaltet worden, diese Fassade
hat man nun wiederhergestellt. Nach vierzehn Tagen zog
Schiller, vom Messetrubel etwas erschöpft, nach Gohlis.

Schon das übernächste Haus, Hainstraße 9, nötigt uns
erneut anzuhalten. Es ist die *Adler-Apotheke*. Ein mächti-
ger Adler stützt als Konsole den Erker des Hauses. Hier
setzte der junge THEODOR FONTANE von April 1841 bis
Juni 1842 seine in Berlin begonnene Ausbildung zum Apo-
theker fort. Eine Tafel vermerkt es. In seinen Erinnerungen »Von Zwanzig bis Dreißig« sind die Eindrücke von der
Stadt und von der Atmosphäre in der Apotheke festgehalten: »In der ersten Stunde gab es noch wenig zu tun. Aber
bald danach kamen die Doktoren und verschrieben ihre
Rezepte. Freilich gab es auch solche, die wenig Praxis hatten und die sich nur einfanden, um sich an einem großen
Lesepult, das für sie hergerichtet war, in die verschiedenen
Leipziger Zeitungen zu vertiefen. Für sie war die Apotheke
bloß Lesehalle, Doktorbörse, Klublokal.« Die Pharmazie
allein hatte Fontane wohl nicht veranlaßt, nach Leipzig
zu wechseln. Ihn zogen die Fülle und die politische Qualität der hier erscheinenden Zeitungen und Zeitschriften

an, die, selbst wenn sie belletristischer Natur waren, oppositionelle Stimmung verbreiteten. Als Vertreter dieser spannenden Publizistik nennen wir nur Karl Herloßsohn, Heinrich Laube, Robert Blum und Carl Biedermann. Fontane knüpfte Beziehungen zu verschiedenen Redakteuren und brachte in einigen Blättern seine Gedichte unter, die keine realitätsferne Poesie waren. In der »Zeitung für die elegante Welt«, die Heinrich Laube bis zur Ausweisung aus Sachsen 1834 geleitet hatte, veröffentlichte Fontane 1842 unter der Überschrift »Einigkeit« ein Gedicht, das mit den Zeilen schließt:

Wenn überall der Freiheit Banner rauschen
Und kein bedrücktes Volk um Rettung schreit,
Dann will auch ich die Zweifel froh vertauschen
Und gläubig baun auf Deutschlands Einigkeit.

Wir gehen die Hainstraße weiter abwärts. Auf der rechten Seite fällt ein großes, leer stehendes und vernachlässigtes Gebäude mit den Hausnummern 16-18 ins Auge. Ursprünglich standen hier drei Häuser, von denen das rechte das Haus »Zum Birnbaum« war, dessen Vorbesitzer 1519 Martin Luther und Philipp Melanchthon beherbergt hatte, als diese zur Leipziger Disputation angereist waren. Die Gedenktafel am Haus nennt den einstigen Besitzer: Melchior Lotter (keine Verwandtschaft mit dem Bürgermeister!), einen Buchdrucker aus der Frühzeit der Reformation, mit dem Luther bekannt war und den er anregte, in Wittenberg einen Zweigbetrieb zu eröffnen. Dort wurden große Teile der von Luther übersetzten Bibel gedruckt. Diese drei Häuser erwarb in der ersten Hälfte des 19. Jahrhunderts ein Gastwirt, er vereinigte sie und eröffnete das *Hôtel de Pologne*. Im Herbst 1895 trat in einem der Festsäle die »Litterarische Gesellschaft in Leipzig« ans Licht der Öffentlichkeit. Des langweiligen und spießigen Theaterbetriebs überdrüssig, wollten ihre Initiatoren moderne Autoren wie Ibsen, Hauptmann und Strindberg vorstellen. Junge Schriftsteller sollten sich durch Lesungen dem Publikum bekannt machen können. Der Mitbegründer dieser Gesellschaft, deren Veranstaltungen durch Mitgliedsbeiträge finanziert wurden, war Franz Adam Beyerlein. Er hat unter anderem eine Lesung FRANK WEDEKINDS beschrieben: »Im Saal des Hôtel de Pologne trat er am 26. November 1897 zum ersten Male vor das Leipziger Publikum. Das war nun freilich mit ihm etwas anderes als mit den Dichtern, die bisher hinter einem Tischchen gesessen und brav und bieder aus ihren Büchern vorgelesen hatten. Ein aufgeregter Mensch, der in rastlosen Gängen, einem eingesperrten Raubtier ähnlich, das Podium kreuzte. Er sprach großenteils frei, begleitete seine Worte mit eckigen, abgerissenen Gebärden, bleckte die Zähne und blitzte die verblüfften Zuhörer aus tiefliegenden Augen aufreizend an ... Ein ganzer, eigener Kerl, – das spürte wohl jeder, der unten saß. Aber mein Gott, was war das für Zeug, das der da oben redete! Nein! Die Leipziger wußten beim besten Willen mit einem Gedicht wie ›Der Tantenmörder‹ nichts anzufangen, und der Beifall, den sie auch dieser Erscheinung des modernen Parnaß zollten, entsprang eher ihrer Gutmütigkeit als irgendwelchem Begreifen.« Der »Erdgeist« Wedekinds, eine Burleske in 4 Akten, erlebte im Leipziger Krystall-Palast seine Uraufführung. Mit ihr endeten die Aktivitäten der Litterarischen Gesellschaft.

Die Hainstraße 23 auf der gegenüberliegenden Seite gibt es zwar seit dem Kriegsende nicht mehr, aber wir müssen sie erwähnen, denn hier befand sich ein Durchgangshof zur Fleischergasse und in ihm das Lokal *Wilhelms Weinstu-*

ben. Im Hinterzimmer trafen sich jene Leute zum Mittagstisch, denen wir schon an anderen Orten begegnet sind. Lassen wir wieder Kurt Pinthus sprechen: »Beherrscht wurde der kleine Kreis ... von einer Kolossal-Gestalt mit enorm breiten Schultern, unter rotblondem Schopf strahlte das rötliche Gesicht mit zu kurzer, spitzer Nase. Das war der lebensstrotzende, lebensgenießerische Ernst Rowohlt, der, als Volontär in der Pariser Librairie Klingsiek, in seinem Zimmerchen des Hôtel de Brest 1908 die Firma Ernst Rowohlt Verlag, Paris – Leipzig – London gegründet hatte.« Franz Kafka, der sich an jenem 29. Juni 1912 mit Rowohlt im Café Français traf, war dem Verleger schon vorher in Wilhelms Weinstuben begegnet: »... dämmriges Lokal in einem Hof. Rowohlt. Jung, rotwangig, stillstehender Schweiß zwischen Nase und Wangen, erst von den Hüften an beweglich.« Zu den Stammgästen am Mittagstisch in ›Wilhelms Weinstuben‹ gehörten Rowohlt, Pinthus, Hasenclever und Werfel. Hinzu kamen häufig Gäste, denn das Lokal wurde »ein Pilgerort für die jungen Schriftsteller aus den deutschsprechenden Ländern«. Hier mag sich mancher vorgestellt haben, der dann zu den Autoren des Verlags von Ernst Rowohlt und Kurt Wolff gehörte. Dazu später!

Die Hainstraße stößt auf den *Brühl*, wir stehen vor der Aluminiumfassade eines Kaufhauses. An einem Pfeiler hängt eine Erinnerungstafel. Hier stand bis 1886 das Geburtshaus Richard Wagners. Am 22. Mai 1813 kam er in Leipzig zur Welt. Ein halbes Jahr später starb sein Vater an einer Epidemie, die durch das Massensterben während der großen Schlacht im Oktober 1813 hervorgerufen worden war. Die Mutter heiratete wieder, und die Familie siedelte 1814 nach Dresden über. Westlich vom Kaufhaus liegt auf der ehemaligen Rannischen Bastei ein Platz, der seit 1913 Wagners Namen trägt, aber heute dem Namenspatron wenig Ehre macht, der Platz ist Parkplatz geworden, auch Wochenmarkt. Man hätte besser den alten Namen Theaterplatz beibehalten sollen. Im Vorgängerbau des klassizistischen Gebäudes an der Südwestfront des Platzes, *Großer Blumenberg* genannt, hatte die Neuberin eine ihrer Spielstätten, die letzte in Leipzig. Gehen wir durch den Hausflur, dann treffen wir im Hof auf ein sorgfältig saniertes Fachwerkhaus, in dem das Lokal »Zur Neuberin« etabliert ist, das die Erinnerung an die berühmte Theaterprinzipalin beleben will. Auf dem Platz, auf dem wir uns noch immer aufhalten, wurde 1766 das erste »stehende« Theater durch private Initiative errichtet, dessen Eröffnung Goethe erlebt hat. Ein Jahr später konnte man Lessings »Minna von Barnhelm« auf dieser Bühne sehen, das erste bürgerliche Lustspiel, wie es die Literaturgeschichte später eingeordnet hat. Das Repertoire dieses Theaters bestand aber vorwiegend aus Singspielen, einer Gattung, die in Leipzig hervorgebracht worden ist. Die unterhaltenden Texte stammten von CHRISTIAN FELIX WEISSE, die leicht singbaren Melodien von Johann Adam Hiller, die Inszenierungen besorgte Theaterchef Koch. Erwähnenswert ist die Uraufführung der »Jungfrau von Orléans« von Friedrich Schiller 1801. Der Dichter besuchte eine der ersten Aufführungen und wurde anschließend stürmisch gefeiert. 1813 gab E.T.A. HOFFMANN, das schreibende und komponierende Multitalent, ein »Gastspiel« als Kapellmeister der Theatertruppe Joseph Seconda, Dresden, und dirigierte hier zahlreiche Opern. Den Briefen nach, die Hoffmann an Freunde schrieb, war »das Leben in Leipzig ... sehr angenehm und gar nicht so teuer ...«, wenn man nicht in diese italienischen Keller am Markt und auf der Petersstraße geriet, wo man nicht umhinkam, »ein Glas Bischof oder Burgunder zu trinken und einen Sardellensalat ... zu essen«. Streitigkeiten mit dem Chef beendete die Kapellmeisterarbeit Hoffmanns in Leipzig. Er blieb noch bis September 1814 in dieser Stadt und lebte allein von seiner schriftstellerischen Arbeit. Theaterkritiken, musikwissenschaftliche Beiträge und der Roman »Die Elixiere des Teufels« beschäftigten ihn.

1817 erneuerte man den Theaterbau völlig. Die Ansprüche an die Ausstattung waren gewachsen. Erstmalig wurde 1829 der »Faust« gegeben, und Wagners Schwester Rosalie verkörperte in Leipzig das erste Gretchen. Der Theaterzettel hängt im Goethe-Zimmer von Auerbachs Keller. An diesem Theater arbeitete seit 1833 ALBERT LORTZING als Schauspieler, Sänger und Dirigent. Nebenbei komponierte er Opern, die meisten sind heute noch sehr populär wie »Zar und Zimmermann« und »Der Wildschütz«, die in Leipzig das Licht der Welt erblickten. Nach dem Bau des Neuen Theaters am Augustusplatz (1868), das nun die Musiktheatertradition in Leipzig fortsetzte, übernahm das sogenannte Alte Theater die Funktion einer Sprechbühne. In den 20er und 30er Jahren des 20. Jahrhunderts wurden u. a. Stücke von Bert Brecht (»Baal«) und Georg Kaiser gespielt. 1943 löschten Bomben des Zweiten Weltkrieges die Existenz dieses sehr beliebten Theaters aus. Der Platz blieb verwaist.

Nun gehen wir zurück in den Brühl. Es ist wie ein Wunder, daß die Verwüstungen des Krieges das *Romanushaus* Brühl, Ecke Katharinenstraße nicht erreicht haben. Zur gegenwärtigen tristen Umgebung kontrastiert dieses Barockpalais erheblich, die letzte Sanierung mit ihrer auffälligen Farbgebung unterstreicht das noch. Ein Zusammenhang ergibt sich nur mit einigen Häusern in der Katharinenstraße, die einst als Leipzigs Barockstraße berühmt war. Dieses große Wohnhaus ließ sich der junge Bürgermeister Franz Conrad Romanus 1701 bis 1704 durch den Baumeister Gregor Fuchs errichten. Jede der beiden Fronten ist dreigeteilt, der jeweilige Mittelrisalit wurde ornamental besonders reich bis hinauf in den Dachbereich ausgestattet. Für den Auftraggeber war der Bau recht kostspielig geworden, er bediente sich in der Stadtkasse, das blieb nicht unentdeckt, und Romanus wurde in seinem Haus verhaftet, kaum daß er es bezogen hatte. Von der Festung Königstein ist er nicht mehr zurückgekehrt. Sein Haus blieb der Familie erhalten. In ihm wuchs die älteste Tochter Christiana Mariana auf, die bei der Verhaftung ihres Vaters zehn Jahre alt war. Frühzeitig wurde sie zweifache Mutter und zweifache Witwe, die Kinder starben jung. MARIANA VON ZIEGLER entwickelte sich zu einer selbstbewußten Frau, die, hochbegabt, Verse schrieb, von denen Bach einige für seine Kantaten nutzte. Der Kontakt zu Johann Christoph Gottsched förderte ihre schriftstellerischen Neigungen, und sie erhielt Anerkennung wie selten eine Frau ihrer Zeit. Dabei, und das ist das Erstaunliche an ihr, hat sie der Männerwelt weder listig noch unterwürfig geschmeichelt.

> Du weltgepriesenes Geschlechte,
> Du in dich selbst verliebte Schaar,
> Prahlst allzu sehr mit deinem Rechte,
> Das Adams erster Vorzug war . . .

1770 gelangte das Haus in den Besitz des Weinhändlers Richter, der in der zweiten Etage ein Kaffeehaus einrichtete. Seine Gäste tranken Kaffee, Tee, Schokolade und feine Alkoholika, genossen die Geselligkeit, machten Konversation oder vertieften sich in die Lektüre der ausliegenden Zeitungen. *Richters Kaffeehaus* war der Prototyp eines Ca-

Museum der bildenden Künste

fés im 18. Jahrhundert und weit über die Grenzen der Stadt hinaus bekannt. Friedrich Schiller verkehrte hier bald nach seiner Ankunft in Leipzig und berichtete einem Freund: »Meine angenehmste Erhohlung ist bisher gewesen, Richters Kaffeehauß zu besuchen, wo ich immer die halbe Welt Leipzigs beisammenfinde, und meine Bekanntschaften mit Einheimischen und Fremden erweitere …« Es ist anzunehmen, daß Schiller hier auch dem Verleger Georg Joachim Göschen begegnet ist, der ihn auf die Sommerwohnung in Gohlis aufmerksam machte. Erwähnt werden in seinem Brief Christian Felix Weiße, den er später auf dessen Gut in Stötteritz besuchte, Adam Friedrich Oeser, Johann Adam Hiller, Georg Joachim Zollikofer, Prediger der reformierten Gemeinde, und Johann Friedrich Reinike (Reinecke), ein berühmter Schauspieler. Auch mit dem Landschaftsmaler Johann Christian Reinhart trat Schiller in Leipzig in Verbindung.

Wir stehen in der *Katharinenstraße*. Der solitäre Baublock auf der linken Fläche ist das neue Museum der bildenden Künste, eröffnet im Dezember 2004. Nach der Zerstörung des Bildermuseums am Augustusplatz im Zweiten Weltkrieg und nach mehreren Interimslösungen hat die Leipziger Sammlung nun eine dauerhafte Bleibe erhalten. Im Eingangsfoyer hängt ein großes Mosaik, auf dem einige Personen abgebildet sind, die sich als Gründer des Museums im 19. Jahrhundert und als Stifter der Sammlung Verdienste erworben haben. Dazu gehört die jetzige Familie Speck von Sternburg, die auch unter den neuen rechtlichen Bestimmungen nach 1990 die großartige Sammlung ihres Vorfahren Maximilian Speck von Sternburg dem Haus als Dauerleihgabe überlassen hat. Wichtige Werke dieser Sammlung entdecken wir in vielen Abteilungen des Museums: bei Lucas Cranach, bei den Niederländern des

17. Jahrhunderts, in der deutschen Landschaftsmalerei des 19. Jahrhunderts. Ein Ausstellungsbereich ist dem in Leipzig geborenen Max Beckmann und anschließend Beispielen der Klassischen Moderne gewidmet. Der künstlerische Hausgott des Museums ist MAX KLINGER, Graphiker, Maler, Bildhauer, der trotz seiner vielen Reisen und Aufenthalte in Italien immer seinen Lebensmittelpunkt in Leipzig sah. Ihm wurden gesonderte Räume für seine Plastiken und großformatigen Gemälde vorbereitet. So beherrscht die »Beethoven«-Figur einen eigenen Saal, nur sehr dezent von der »Salome« und der »Kassandra« begleitet. Der halbnackte »Beethoven«, aus mehreren farbigen Marmorsteinen zusammengesetzt, wird von einem Adler ehrfurchtsvoll angeschaut. Der vom Künstler verehrte Musiker sitzt auf einem Thron aus Bronze, der im Kopfteil mit Elfenbeinfiguren und Achaten geschmückt ist. Diesen »Beethoven« zeigte Klinger 1902 in einer Wiener Ausstellung, die Öffentlichkeit war beeindruckt, die Stadt Leipzig entschloß sich zum Ankauf. Selbstverständlich wird auch die DDR-Kunstszene reflektiert, zumal die Hochschule für Grafik und Buchkunst mit ihrer Malerei-Klasse besonders in dieser Stadt Spuren hinterlassen hat.

Die Sammlung des Museums wird laufend durch Wechselausstellungen klassischer und moderner Kunst ergänzt.

Wir verlassen das Museum an der Katharinenstraße. Unter den Barockbauten der gegenüberliegenden Straßenseite schauen wir uns die Nummer 11, das *Fregehaus*, etwas genauer an. Die Vierflügelanlage ohne Durchgangshof ist aus einem Renaissancebau hervorgegangen und wurde 1706/07 durch Gregor Fuchs im Zeitstil umgebaut. Auffällig ist das hohe Satteldach mit vier Reihen von Dachgauben. 1782 erwarb Christian Gottlob Frege das Haus. Da war das ›Bankhaus Frege‹, bei dem auch der Student Goethe seine Frankfurter Wechsel in bares Geld eintauschte, bereits ein bekannter Name. Schon der Vater und Firmengründer Frege hatte zu seiner Zeit alle Voraussetzungen für umfangreiche Handelsbeziehungen und für die Anlage von Geld in Manufakturen, Bergwerken, Immobilien und Land geschaffen. Wir öffnen die seitliche Tür und betreten den geschlossenen Hof. Links oben hängt ein Steinbild mit drei Halbfiguren: einem Papst, einem Kaiser und einem unter ihnen liegenden Mönch. Datierung 1535. Sollte dies ein Spottbild auf Luther sein? Die Reformation war in diesem Teil Sachsens 1535 noch nicht zum Durchbruch gekommen.

Hier beenden wir unseren Spaziergang. Bis zum Markt sind es nur noch wenige Meter.

Fünfter Spaziergang

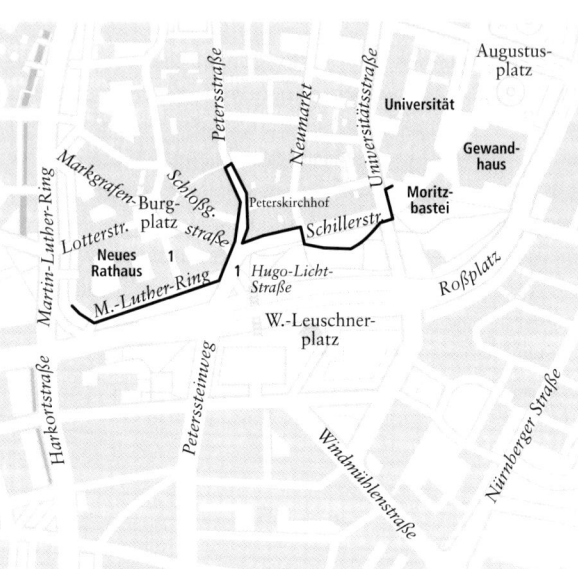

Von der Moritzbastei zum Neuen Rathaus

Zu diesem Spaziergang treffen wir uns an der *Moritz-bastei*, südlich der Universität. Diese Bastei ist der Rest der Stadtbefestigung aus dem 16. Jahrhundert, als der damalige Herzog Moritz die Verstärkung der Anlagen befahl und Hieronymus Lotter damit beauftragte. Im 18. Jahrhundert erwies sich die Bastei als endgültig überholt, und man benutzte die Grundmauern auf Straßenhöhe als Baufläche für eine Bürgerschule. 1943 zerstörten Bomben das große Schulgebäude. Der meiste Schutt fiel in die unterirdischen Gewölbe. 1973 begannen die Studenten der Universität mit Beräumungsarbeiten und eröffneten Anfang der 80er Jahre ihren Klub, dessen Beliebtheit unter der Leipziger Jugend bis heute ungebrochen ist. Man schwatzt bei Bier, Cola und Kaffee; in der Veranstaltungstonne treten Bands aller Richtungen auf. Nicht wenige Schriftsteller haben sich hier dem Publikum mit ihren Texten vorgestellt. Obwohl die »mb« nach 1990 eine öffentliche Einrichtung geworden ist, herrscht in diesen Räumen noch immer eine studentische Atmosphäre, mittags, abends und nachts. Der Student Robert Schumann hätte sich hier gewiß auch wohl gefühlt. Er steht aber draußen, hinter den dicken Mauern der Bastion. Eine halbhohe Stele trägt ein Medaillon mit seinem Profil.

Wir verweilen noch ein wenig am Eingang der *Universitätsstraße*. Hier sehen wir uns dem Baugeschehen der Universität gegenüber. Die neue Mensa ist errichtet, der Hörsaalkomplex dahinter wird saniert. Dort stand ehemals der »Goldene Bär«, das Haus von BERNHARD CHRISTOPH BREITKOPF. Er hatte durch Heirat 1719 eine Drukkerei erworben und diese um einen Verlag erweitert. Das Hauszeichen wurde zum Firmensignet des heute ältesten Musikverlags der Welt. Bei Breitkopf wohnte das Ehepaar Gottsched zwischen 1736 und Gottscheds Tod 1766. Johann Christoph Gottscheds Wirken in Leipzig war bereits mehrfach gewürdigt worden. Hinzuzufügen ist noch, daß er mit seiner »Grundlegung einer Deutschen Sprachkunst« (1748) einen wichtigen Beitrag zur Herausbildung der deutschen Schriftsprache leistete. Seine Frau Luise Adelgunde Victorie Kulmus, die »GOTTSCHEDIN«, war eine kluge Frau, die ihrem Mann zuarbeitete, aber auch eigenständige Leistungen erbrachte. Sie schrieb Verse und war als Übersetzerin tätig. Als Goethe in Leipzig studierte, hatte Gottsched den Höhepunkt seiner Laufbahn bereits überschritten. In »Dichtung und Wahrheit« erzählt Goethe die Episode, wie er den großen Gelehrten bei einem Anstandsbesuch in peinlicher Situation überraschte. Der Diener hatte dem alten Herrn nicht rechtzeitig die Perücke gereicht!

Gegenüber, heute Universitätsstraße 20, ließ sich Breitkopfs Sohn Johann Gottlob Immanuel den »Silbernen Bären« bauen. Er versuchte, den Notendruck zu verbessern, indem er wie beim Buchdruck teilbare Lettern schuf. Das war 1754 bis 1756, wenige Jahre nach Bachs Tod. Bei Breitkopf erschienen nun die Komponisten der Zeit: die Bach-Söhne, Haydn, Mozart (Vater und Sohn), Telemann. Mit den beiden Söhnen Immanuels, Bernhard Theodor und Christoph Gottlob, pflegte Goethe freundschaftlichen Umgang, zumal Bernhard Theodor ebenfalls Jura studierte. Er vertonte Goethes Leipziger Gedichte, die 1770 als »Neue Lieder in Melodien gesetzt von Bernhard Theodor Breitkopf« erschienen, ohne Goethes Namen auf dem Titelblatt. Im Haus des jüngeren Breitkopf wohnte der Kupfer-

stecher Johann Michael Stock. Er stach Vignetten für Breitkopfs Verlag, radierte für Oeser und erteilte dem jungen
Goethe Unterricht im Radieren, Stechen und Holzschnei-
den. Seine beiden Töchter Minna und Dora waren diejeni-
gen, die Friedrich Schiller empfingen.

Wir biegen in die *Schillerstraße* ein. Wären wir noch im
frühen 18. Jahrhundert, dann stünden wir jetzt auf dem
Moritzdamm zwischen Stadtmauer und Wassergraben. Die
Straße erhielt ihren neuen Namen 1859 zum hundertsten
Geburtstag Schillers. Wir betreten links die Parkanlage, die
wieder ein Stück Promenade ist, dank der Initiative von
Bürgermeister Otto Koch. Er hat ein Denkmal in den Anlagen hinter der Moritzbastei erhalten. Wir suchen jedoch
zwei andere Denkmale auf: Das erste ist Gellert gewidmet. Adam Friedrich Oeser hatte im Auftrag des Buchhänd-
lers und Gellert-Verlegers Johann Wendler ein Denkmal
geschaffen, das 1774 in Wendlers Garten in der Johannisgasse (heute Standort des Radisson SAS-Hotels) aufgestellt
wurde. Hier im Park steht eine Nachbildung, das mehrfach
umgesetzte Original ist längst zerfallen. Oeser war selbst
kein Bildhauer, er schuf die Entwürfe, und einer seiner
Mitarbeiter an der Akademie, vermutlich Friedrich Samuel
Schlegel, führte die Arbeiten in Marmor aus. Auf einem
kannelierten Säulenstumpf steht eine große Urne, auf der
zwei Grazien sitzen, eine dritte umkränzt das Reliefporträt
des Geehrten. Wir werden später sehen, daß Oeser diese
Grundelemente bei einem anderen Auftrag für einen Gedenkstein wiederholte.

Ein kurzer Gang nur durch den Park, und vor uns erhebt
sich das *Schillerdenkmal* von Johannes Hartmann aus dem
Jahr 1914. Im Vergleich zu den Denkmalen, die wir bisher
gesehen haben, wirkt es sehr viel moderner. Eine hohe Stele
trägt die Büste Schillers, deren Züge dem bekannten Schil-

lerbild nicht naturalistisch nachgebildet sind, sondern von diesem abstrahieren. An der Stele lehnen zwei nackte Figuren, ein Mann und eine Frau, in trauernder Haltung. Nicht alle Leipziger wollten dieses Denkmal akzeptieren. »Ein paar gemeinere Gestalten konnten unsere allverehrten Stadtväter unsren edlen Schiller wohl nicht ... an die Seite seines Denkmals stellen, als wie der Adam und die Eva, die da nackend sich der Jugend zeigen. Pfui Teufel noch einmal«, schrieb einer von ihnen im Namen »einiger Bürger« an die Stadtverordneten.

Nun zur Straße. Alle Gebäude sind zwischen 1860 und 1880 im Palazzostil der italienischen Früh- und Hochrenaissance errichtet worden. Wir gehen an der *Musikalienhandlung Oelsner* vorbei, seit gut hundertzwanzig Jahren ein Fachgeschäft in Familienbesitz, ohne das die Musikstadt Leipzig nicht zu denken wäre. Im Gästebuch entdeckt man illustre Namen: Yehudi Menuhin, Hermann Prey, Dietrich Fischer-Dieskau und viele andere, alles Eintragungen weit vor 1990. Am Gebäude der ehemaligen Reichsbank, Ecke Petersstraße, heute Domizil der Musikschule, ist der Baustil dieser Straße besonders prägnant abzulesen. Nimmt man eine Abbildung eines florentinischen Palazzos aus der Mitte des 15. Jahrhunderts zur Hand, dann erkennt man, woher die Architekten des 19. Jahrhunderts ihre Vorlagen nahmen: die Rustizierung des Erdgeschosses, darin die Rundbogenfenster, in den oberen Geschossen dagegen rechteckige Fenster mit Giebeln und Säulen, ein flaches, leicht überstehendes Dach, unter dem gewöhnlich ein Relieffries verläuft.

Seit einer Weile schon sehen wir am Ende der Straße hinter einem Gebäude einen mächtigen Turm aufragen. Die Turmmauer ist aus hellem Gestein, oben sitzt eine Haube aus dunklem Kupfer. Dieser 114 Meter hohe Turm gehört zum *Neuen Rathaus*, das wir aus unserem Blickwinkel noch nicht wahrnehmen können.

Hier, wo mehrere Straßen die *Petersstraße* kreuzen, stand einst das Peterstor. Das Reichsbankgebäude konnte zwischen 1886 und 1888 erst gebaut werden, nachdem die alte Peterskirche abgebrochen worden war, die als neogotische Kirche weiter im Süden, am Schletterplatz, neu errichtet wurde. Die Peterskirche hatte dem gesamten Viertel den Namen gegeben. In die Petersstraße wollen wir ein Stück hineingehen. In dem Reichsbankgebäude befindet sich noch das alte Kaffeegeschäft der Firma Richter. Man sollte sich Zeit für einen Espresso nehmen und das Interieur des ausgehenden 19. Jahrhunderts genießen. An der Ecke Peterskirchhof fällt uns ein Gebäude, Stentzlers Hof, wegen seines hohen Staffelgiebels auf. Erstaunlich, was selbst in den Kriegsjahren von 1914 bis 1916 gebaut wurde.

Schräg gegenüber hält die grüne Fassade des *Petersbogens* unseren Blick fest. Es ist eine große Einkaufspassage mit mehreren Kinos zwischen Petersstraße und Burgplatz. Im nördlichen Teil dieses Komplexes ist die *Juristenfakultät* untergebracht. Schon seit 1456 hatte das Collegium Juridicum seinen Standort zwischen Petersstraße und Schloßgasse. Alle entsprechenden Gebäude sind durch Kriege, auch durch den letzten großen, verwüstet worden. An diesem Ort hatte Johann Wolfgang Goethe seine Hauptstudien zu absolvieren. Sein kritischer Rückblick lautete: »... Mit den juristischen Kollegien ward es bald ebenso schlimm; denn ich wußte gerade schon soviel, als uns der Lehrer zu überliefern für gut fand. Mein erst hartnäckiger Fleiß im Nachschreiben wurde nach und nach gelähmt, indem ich es höchst langweilig fand, dasjenige nochmals aufzuzeichnen, was ich bei meinem Vater, teils fragend, teils antwortend, oft genug wiederholt hatte, um es für immer im Gedächtnis zu behalten.« Dem schließt sich eine Betrachtung an, die sehr genereller Natur ist: »Professoren können nicht alle von Einem Alter sein; da aber die jüngeren nur lehren, um zu lernen ... so erwerben sie ihre Bildung durchaus auf Unkosten der Zuhörer ... Unter den ältesten Professoren dagegen sind manche schon lange stationär; ...« Da möchte man drei Ausrufezeichen setzen.

In der Passage des vormaligen Juridicums befand sich das Bier- und Weinlokal *Kitzing & Helbig*. Darin traf sich seit 1859 dreimal wöchentlich am Spätnachmittag ein Stammtisch, dessen führende Köpfe der Schriftsteller GUSTAV FREYTAG und sein Verleger Salomon Hirzel waren. Hinzu kamen Universitätsprofessoren, Vertreter der Wirtschaft und des öffentlichen Lebens. Die Teilnehmer hatten einen im wesentlichen gemeinsamen politischen Standpunkt in der Deutschlandfrage: Sie strebten die Einigung Deutschlands unter preußischer Führung ohne Österreich an. Der Schlesier Gustav Freytag war 1848 nach Leipzig gekommen und redigierte hier die Zeitschrift »Die Grenzboten«. Seine Beziehung zu Salomon Hirzel wie zu dessen Nachfolgern im Verlagshaus war freundschaftlich. In diesem Verlag erschienen die großen Werke Freytags, »Soll und Haben« (1855), »Bilder aus der deutschen Vergangenheit« und »Die Ahnen«. »Soll und Haben« erreichte bei Hirzel mehr als hundert Auflagen. Ein gutes Geschäft. Die noch größere verlegerische Leistung Hirzels aber war die Herausgabe des »Deutschen Wörterbuches« der Gebrüder Grimm, 1854 beginnend.

Bleiben wir noch in der Petersstraße. Hier wohnte mehrfach JEAN PAUL, der 1781 ein Theologiestudium begann, hungerte und fror und aus der Sicht seiner sozialen Lage nur mit Sarkasmus über die Stutzer zu räsonieren vermochte, die aufgeputzt durch die Straßen schlenderten. 1784 mußte er vor seinen Gläubigern aus der Stadt fliehen. Der Schriftsteller GÜNTER DE BRUYN hat in der biographischen Erzählung »Das Leben des Jean Paul Friedrich Richter« (1975) mit großer Sympathie den ungebrochenen Glauben Jean Pauls an sich selbst nachgezeichnet. Der Erfolg ließ auf sich warten, aber er kam: mit dem Roman »Hesperus«. In Weimar wurde der Dichter herumgereicht. Und als er im November 1797 wieder in Leipzig war, erst in der Petersstraße wohnte, dann am Nikolaikirchhof, da wurde er auch hier umworben, von Kollegen, von Buchhändlern und Verlegern. Sein Resümee: »Lob ist kein Glück, und Zerstreuung auch nicht.« Die Stadt gefiel ihm diesmal kaum besser.

Wir kehren um. Ecke Martin-Luther-Ring ein prächtiges Gebäude des Leipziger Historismus: die Deutsche Bank, Filiale Leipzig. Die Leipziger Bank, die den Bau in Auftrag gegeben hatte, ging pleite, die Deutsche Bank, Berlin (Gründung 1870), konnte deshalb 1902 kein repräsentativeres Haus in der Handelsstadt Leipzig finden als dieses. Der Architekt Arwed Rossbach verwendete Elemente der italienischen Hochrenaissance für die Fassadengestaltung in dieser exponierten Lage. Regimewechsel – Besitzerwechsel: der Notenbank / Staatsbank der DDR folgte am 1. Juli 1990 wieder die Deutsche Bank als Hausherr am Martin-Luther-Ring 2.

Wir gehen den Martin-Luther-Ring weiter und stehen nun am *Neuen Rathaus*, einem so gewaltigen Bauwerk, daß man es nur in Teilen wahrnehmen kann. Unsere Augen tasten die dicken Mauern ab. Wie eine Festung. Der Erbauer des Rathauses, Stadtbaurat Hugo Licht, bezog sich mit Absicht auf die einstige Pleißenburg, die jahrhundertelang mittelalterliche Zwingburg und später vorwiegend militä-

Das Neue Rathaus, seit 1905 Sitz
der Stadtverwaltung

rischer Stützpunkt der sächsischen Landesfürsten in Leipzig war. Auf allen alten Stadtansichten fällt diese Festungsanlage an der Südwestecke der Stadt besonders auf, zumal ein großer Turm mit stumpfer Haube aus ihr herausragt. Hieronymus Lotter hatte in der zweiten Hälfte des 16. Jahrhunderts den Auftrag erhalten, das Befestigungswerk auszubauen. So entstand ein dreieckiges Wasserschloß, von Pleißewasser umflossen, mit tiefen Kasematten, die zu einem großen Teil als Gefängnis dienten. Nachdem die Stadtväter um 1890 entschlossen waren, hier ein größeres Rathaus zu errichten, mußten sie das Terrain und die Bauten vom Land Sachsen abkaufen, die Bauwerke niederreißen, um den Neubau beginnen zu können. Das geschah zwischen 1899 und 1905, in einer Zeit, in der die Stadt Leipzig auf dem Höhepunkt ihrer gesamten historischen Entwicklung angelangt war: 500 000 Einwohner, Industrie- und Messestadt, Sitz des Reichsgerichts, weithin bekannte Musik- und Buchstadt. Das Leipziger Großbürgertum wollte einen Rathausbau, der nachhaltigen Eindruck machte und den Rathäusern in Berlin (1863), München (1874) und Hamburg (1897) nicht nachstand. Wenn wir bis zum Haupteingang weitergehen und nach oben sehen, lesen wir im Giebelfeld unter dem Stadtwappen in goldenen Lettern »Arx nova surrexit« – »eine neue Burg hat sich erhoben«. Licht arbeitete am Rathaus die gesamte Leipziger Bautradition auf. Er stellte keine einheitliche Fassade her, sondern gab einzelnen Fassadenteilen ein eigenes Gesicht. Der Haupteingang erhielt einen hohen Staffelgiebel, der an das Alte Rathaus erinnern sollte, gekrönt vom Kopf der Lipsia. Dieser Eingangsteil ist von zwei Türmen flankiert. Man betritt das Gebäude durch drei Rundbogenportale. Der Treppenaufgang davor wird von zwei Löwen bewacht: Der rechte bewahrt das Gute, er packt eine Schlange; der linke über-

windet das Schlechte und tötet einen Lindwurm. Die Sok-
kel, auf denen diese Löwen sitzen, tragen je ein Zitat aus
Schillers »Tell« – das Rathaus wurde im Oktober 1905,
hundert Jahre nach Schillers Tod, eingeweiht. Kaum noch
lesbar steht auf der rechten Seite:

> Das Alte stürzt, es ändert sich die Zeit,
> Und neues Leben blüht aus den Ruinen.

Die eigentliche Schauseite ist nicht dieser Eingangsbereich,
sondern die Südwestseite, eine schräge Fassadenfront. Auf
einer Brüstung in halber Höhe, hinter der sich die Arbeits-
räume des Oberbürgermeisters befinden, stehen fünf Figuren, die allegorisch die wichtigsten Attribute der Stadt
wiedergeben: die Buchdruckerkunst, die Justiz, die Wissenschaft, die Musik und das Handwerk. Sechs Flachreliefs
darunter wiederholen diese Inhalte, nur das Handwerk ist
hier durch den Handel ersetzt.

Ein Denkmal besonderer Art ist in unmittelbarer Nähe
dieser Schauseite im Herbst 1999 angelegt worden. Auf
der zur Straße hin abfallenden Rasenfläche wurde ein run-
der Schacht in die Erde eingelassen, in den, von außen nicht
sichtbar, eine Glocke gesenkt wurde. Dieses Denkmal ehrt
den Oberbürgermeister CARL FRIEDRICH GOERDELER,
der dieses Amt von 1930 bis 1937 ausübte, sich in wachsen-
dem Maße von der Politik der Nationalsozialisten distan-
zierte und in der Zerstörung des Mendelssohn-Denkmals
vor dem Gewandhaus durch antisemitische Kräfte einen
Anlaß für seinen Rücktritt sah. Er reihte sich in den Widerstand des 20. Juli 1944 ein und wurde nach dem Scheitern
des Attentats auf Hitler verhaftet und hingerichtet. Mehrere Äußerungen Goerdelers sind auf den Steinrand der
Denkmalsanlage aufgebracht worden, darunter der schlich-

te Satz von 1943: »In weniger ernsten Zeiten würde ich schweigen.« Die Ehrung Goerdelers in dieser Form ist in Leipzig erst nach 1990 möglich geworden.

Großer Sprung zurück in die frühe Geschichte der Stadt und zu einem Mann, der mit gleicher Furchtlosigkeit seine Meinung vertrat und dafür auch die Folgen in Kauf nahm: Martin Luther. Denn in der alten Pleißenburg hat sich ein Stück Reformationsgeschichte abgespielt. Der Begriff Disputation ist bereits gefallen. Luther und Melanchthon wohnten während ihres dreiwöchigen Aufenthalts im Sommer 1519 bei dem Drucker Lotter in der Hainstraße. Sie waren mit mehreren Professoren der Wittenberger Universität, unter ihnen Andreas Karlstadt, sowie zweihundert Studenten nach Leipzig gekommen. Das war ein großes Aufgebot, um dem Herausforderer Dr. Johannes Eck aus Ingolstadt entgegenzutreten. Eigentlich war Karlstadt als Kontrahent gefragt, doch im Laufe der Debatte trat der schmächtige, redegewandte Luther in den Vordergrund. Die Schirmherrschaft hatte der sächsische Landesherr Herzog Georg übernommen, deshalb fand die Disputation in der Hofstube der Pleißenburg und nicht in der Universität statt. Die Debatte erreichte ihren Höhepunkt, als Luther die Unfehlbarkeit des Papstes und der Konzilien bestritt und die Verurteilung des Jan Hus durch das Konstanzer Konzil mißbilligte, man könne dem Tschechen gutchristliche Grundsätze nicht absprechen. Diese Äußerung löste Tumulte aus, und Luther zog sich die erbitterte Gegnerschaft Herzog Georgs zu, der zwar nicht sein Landesherr war, doch Luthers Aufenthalte im albertinischen Sachsen bis 1539 unmöglich machte. Nur wenige einflußreiche Leute in Leipzig hielten damals zu Luther, so Heinrich Stromer und der Jurist Simon Pistoris, die Luther zu Tisch baten. Aus Anlaß von Luthers vierhundertfünfzigstem Geburtstag im Jahr 1933 wurde der Teil der Ringmagistrale, der sich um das Neue Rathaus zieht, in Martin-Luther-Ring umbenannt.

Ab August 1765 wurden im Westflügel der Burg Räume für die ein Jahr zuvor ins Leben gerufene »Zeichnungs-Mahlerey-und-Architectur-Akademie« bereitgestellt, als deren Direktor der Dresdner Hof Adam Friedrich Oeser berufen hatte. Hier wurde auch Unterricht im Kupferstechen und Modellieren erteilt. Oeser selbst gab unter anderem Privatunterricht im Zeichnen und Malen. Zu ihm pilgerte seit Dezember 1765 der Jurastudent Goethe. »In dem alten Schloße Pleißenburg ging man rechts in der Ecke eine erneute heitre Wendeltreppe hinauf. Die Säle der Zeichenakademie … fand man sodann links, hell und geräumig; aber zu ihm selbst gelangte man nur durch einen engen, dunklen Gang, an dessen Ende man erst den Eintritt zu seinen Zimmern suchte … Da ich Privatstunden mit einigen Edelleuten bei ihm genommen hatte, so war uns erlaubt, hier zu zeichnen … Alles war mit Geschmack, einfach und dergestalt geordnet, daß der kleine Raum sehr vieles umfaßte. Die Möbel, Schränke, Portefeuilles elegant, ohne Ziererei oder Überfluß. So war auch das erste, was er uns empfahl und worauf er immer wieder zurückkam, die Einfalt in allem, was Kunst und Handwerk vereint hervorzubringen berufen sind.« Oeser hat als »ein abgesagter Feind des Schnörkel- und Muschelwesens und des ganzen barokken Geschmacks« die Kunstauffassungen Winckelmanns weitergegeben, der die Nachahmung antiker Meisterwerke empfohlen hatte. Im Umgang mit Oeser hat der junge Goethe wohl weniger von den praktischen Übungen profitiert, dafür aber seinen Kunstverstand entwickelt. Aus Frankfurt, Goethe reiste am 28. August 1768 in seine Heimatstadt zurück, schrieb er an seinen Lehrer: »Was binn ich Ihnen nicht schuldig, Theuerster Herr Professor, daß Sie mir den Weg zum Wahren und Schönen gezeigt haben, daß sie mein Herz gegen den Reiz fühlbaar gemacht haben ... Den Geschmack den ich am Schönen habe, meine Kenntnisse, meine Einsichten, habe ich die nicht alle durch Sie?« Auch im familiären Kreis Oesers war Goethe ein gerngesehener Gast, sowohl hier in der Stadt wie draußen im Dorf Dölitz, wo Oeser einen bescheidenen Sommersitz besaß. Zu der ältesten und mit ihm fast gleichaltrigen Oeser-Tochter FRIEDERIKE entspann sich ein freundschaftliches Verhältnis. Goethe klagte dem klugen und verständigen Mädchen seine Liebesschmerzen und widmete ihr seine Leipziger Gedichte. Auch mit ihr riß nach Goethes Abschied von Leipzig der Kontakt nicht ab; in einem langen Briefgedicht vom 6. November 1768 schrieb er ihr aus Frankfurt:

> ...
> Du lieber Gott! An Munterkeit ist hie
> an Einsicht, und an Witz Dir keine einz'ge gleich,
> und Deiner Stimme Harmonie
> wie käme die heraus in's Reich.
>
> So ein Gespräch, wie unsers war, im Garten,
> und in der Loge noch, mit diesem seltnen Zug,
> so aufgeweckt, und doch so klug,
> Ja, darauf kann ich warten ...

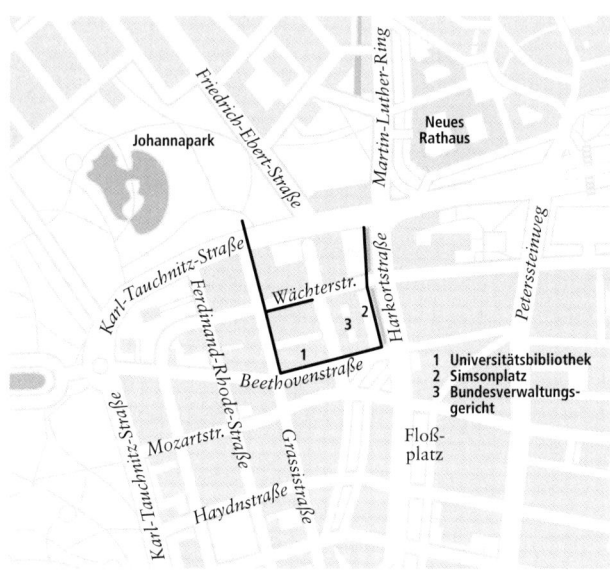

Johannapark

Friedrich-Ebert-Straße

Martin-Luther-Ring

Neues
Rathaus

Karl-Tauchnitz-Straße

Ferdinand-Rhode-Straße

Wächterstr.

Harkortstraße

Petersteinweg

3 2

1

Beethovenstraße

Karl-Tauchnitz-Straße

Mozartstr.

Grassistraße

Haydnstraße

Floß-
platz

1 Universitätsbibliothek
2 Simsonplatz
3 Bundesverwaltungs-
   gericht

Durchs Musikviertel

Zu diesem Spaziergang treffen wir uns in der *Grünanlage an der Wächterstraße / Harkortstraße*. Von hier aus haben wir die beste Sicht auf das Gebäudeensemble des Neuen Rathauses mit der Schauseite, mit den vielgestaltigen Giebeln und mit dem herausragenden Turm.

Wenden wir uns um, dann richtet sich unser Blick auf ein anderes Gebäude, sehr monumental, freistehend, mit einem großen vorgelagerten Platz. Es ist das ehemalige Reichsgericht, in dem seit September 2002 das *Bundesverwaltungsgericht* seinen Sitz hat. Das Reichsgerichtsgebäude gehört zu den imposanten Bauten des Deutschen Reiches nach seiner Einigung 1871. 1895 wurde dieser Justizpalast bezugsfertig. Die zentrale Kuppel, die aus dem Inneren mächtig herauswächst und durch die Figur der Wahrheit gekrönt wird, kennzeichnet das Gebäude als eine hohe staatliche Instanz. Im Giebelfeld des nach antikem Vorbild gestalteten großartigen Portikus ist die strafende und die vergebende Justiz dargestellt.

Warum wurde Leipzig als Standort des Reichsgerichts gewählt? Im Sinne des Föderalismus sollte das Reichsgericht als die Krönung der Rechtsprechungspyramide seine Unabhängigkeit von der Reichsregierung auch durch räumliche Distanz von der Reichshauptstadt unterstreichen. Zudem tagte bereits in Leipzig das Oberhandelsgericht des Norddeutschen Bundes beziehungsweise des Reiches. Aus dem Architektenwettbewerb für das Justizgebäude gingen die noch jungen Baukünstler Ludwig Hoffmann und Peter Dybwad als Sieger hervor; sie wurden mit der Bauausführung beauftragt. »Ein Werk aus einem Guß. Nicht so prun-

Das Bundesverwaltungsgericht

kend wie der Reichstag, nicht so originell, aber sehr sympathisch und gesund. Hätten wir so einen Bau in Hamburg!« urteilte der Hamburger Kunsthistoriker Alfred Lichtwark. Als das Reichsgericht gebaut wurde, waren das nahe gelegene Gewandhaus, das Konservatorium und die Universitätsbibliothek bereits errichtet, parallel entstanden in diesem Viertel großbürgerliche Mietshäuser und Unternehmervillen, so daß die Stadt dem hohen juristischen Personal ein angemessenes Wohnmilieu bieten konnte, in dem sich auch Künstler und Universitätsprofessoren niederließen. Gewandhaus und Konservatorium begründeten die Bezeichnung »Musikviertel«, das von der Harkortstraße und der Karl-Tauchnitz-Straße umschlossen wird.

Das Reichsgericht entschied in erster (und letzter) Instanz über Hochverrat und Landesverrat gegen Kaiser und Reich. Anfang der 20er Jahre wurde für politisch brisante Prozesse der Staatsgerichtshof zum Schutz der Republik beim Reichsgericht gebildet. Von den Prozessen, die hier geführt worden sind, greifen wir nur den gegen die Mitverschwörer des Attentats auf den Reichsaußenminister Walther Rathenau vom Oktober 1922 heraus. Die Täter waren gefaßt worden und dabei umgekommen. Doch vor den Schranken des Gerichts saßen dreizehn Mitangeklagte. Im Auftrag der Neuen Berliner Zeitung nahm der Publizist Joseph Roth als Berichterstatter an den Verhandlungen teil. In seinem ersten Beitrag beschreibt er die Atmosphäre vor und im Gerichtsgebäude: »Leipzig. Um ½ 8 Uhr morgens schon eine recht ansehnliche Kette im Korridor des Reichsgerichts Wartender; um 8 Uhr lebhaftes Gewimmel auf dem herrschaftlich breiten Platz vor dem Reichsgericht; hastende Berichterstatter mit Brieftaschen; schrille Radfahrer; feierliche Polizisten mit Pikkelhauben; zur Verstärkung heranziehende Schutzpolizei; Rechtsanwälte in Automobilen und Richter zu Fuß ...« Wenn Roth im weiteren die Physiognomien und Haltungen der Angeklagten, unter ihnen die Brüder Techow, beschreibt, dann werden die Hintergründe erkennbar, die zum Mord an Rathenau führten. Das Motiv des Judenhasses, worauf das Gericht die Beweggründe der Mörder und ihrer Helfer reduzierte, reichte nicht aus. »Den Brüdern Techow wendet sich die allgemeine Aufmerksamkeit zu. Der Lenker des Autos hat breite Schultern, einen kleinen Kopf, was seine Gestalt noch kräftiger erscheinen läßt, ein leeres Gesicht, eine stramme Haltung. Der Mann, wie ihn der selige Kapp gebrauchen konnte. Ein völkischer Knappe, halbgebildet, mit auswendig gelerntem Lebenslauf ... Der jüngere Bruder, weicher im Gesichtsausdruck, von einer fast herzbeklemmenden Unfertigkeit.«

Wir verlassen den Platz vor dem Reichsgericht, der 1998 in *Simsonplatz* umbenannt wurde. Eduard von Simson war der erste Präsident des Gerichts gewesen, sein Bild wurde 1933 aus dem Gebäude entfernt, weil er jüdischer Abstammung war. 1952 erhielten Platz und Gebäude den Namen von Georgi Dimitroff. Dieser Bulgare, ehemals hoher Funktionär der Kommunistischen Internationale und Emigrant in Deutschland, war 1933 im Reichstagsbrandprozeß angeklagt worden, den Reichstag in Berlin angezündet zu haben. Er mußte am Ende des Prozesses freigesprochen werden, der Holländer van der Lubbe wurde verurteilt und in Leipzig hingerichtet.

Erich Loest hat sich in seinem Roman »Reichsgericht«, 2001 erschienen, vor allem mit diesem Prozeß beschäftigt: Ein nach Leipzig gewechselter Westhistoriker und sein junger (Ost-)Assistent sollen eine gemeinsame Publikation zu diesem juristischen Vorfall erstellen. Wie sich denken läßt, sind die Sichten unterschiedlich ... Für Loest ist der

Reichstagsbrandprozeß ein Justizskandal gewesen, sein Roman will auch ein Stück Ehrenrettung für van der Lubbe sein.

Wir schwenken in die *Beethovenstraße* ein und überqueren die *Wilhelm-Seyfferth-Straße*. Linker Hand steht die neue *geisteswissenschaftliche Fakultät* der Universität Leipzig. Eine Tafel an der Ostseite der Fakultät erinnert daran, daß auf diesem Platz einst das Neue Gewandhaus von 1884 stand. An der Stirnfront des spätklassizistischen Gebäudes las man die Sentenz des jüngeren Seneca: »res severa verum gaudium«, »es ist eine ernste Sache um die wahre Freude«. (Dieser Satz steht nun an der Orgel des Gewandhauses am Augustusplatz.) Bomben trafen das Konzerthaus 1944, es brannte völlig aus, seine Ruinen blieben bis 1968 mahnend stehen. Das 1892 aufgestellte Mendelssohn-Denkmal vor dem Haupteingang war 1936 von antisemitischen Kräften zerstört worden; wir erwähnten es schon.

Das Gewandhaus, dessen architektonische wie akustische Vollkommenheit gerühmt wurde, zog viele Komponisten und Musiker nach Leipzig. Johannes Brahms legte Wert auf die Interpretation seiner Werke durch das Gewandhausorchester und dirigierte diese auch selbst. Zu einer Begegnung zwischen ihm und Peter Tschaikowski kam es im Januar 1888 anläßlich einer großen Konzerttournee des russischen Komponisten durch Europa. KLAUS MANN hat in seinem Tschaikowski-Roman »Symphonie Pathétique« dieser Begegnung breiten Raum gegeben. Er konnte sich dabei auf Tschaikowskis Erinnerungen stützen, die dieser noch im Jahr des Zusammentreffens mit Brahms niedergeschrieben hatte. Klaus Mann hat die Spannungen zwischen den unterschiedlichen Mentalitäten dieser beiden Musiker um eine Nuance erhöht, die kühle, ja abweisende Haltung von Brahms gegenüber dem Russen mit etwas kräftigeren Farben gezeichnet, als sich dies in Tschaikowskis Erinnerungen liest. Das Leipziger Publikum, die Musiker des Orchesters und die Presse bereiteten dem ausländischen Gast einen warmen Empfang.

Gegenüber in der Beethovenstraße steht die 1891 vollendete *Bibliotheca Albertina*, die *Universitätsbibliothek*, die seit 1543 existiert. Das Neorenaissance-Gebäude von Arwed Rossbach war im Krieg zu sechzig Prozent zerstört worden. Der gesamte Ostflügel mußte wiederhergestellt, die Räume im Innern zurückgewonnen und modernen Erfordernissen angepaßt werden. Wer das Gebäude betritt, ist bereits von dem großartigen Treppenaufgang aus rotem und weißem Marmor beeindruckt. Zu den kostbaren Beständen dieser Bibliothek gehören Papyri medizinischen Inhalts des Ägyptologen Georg Ebers, antike Handschriften, 3600 Inkunabeln und Nachlässe bedeutender Gelehrter. Von den einstmals drei Goethe-Sammlungen in dieser Stadt ist nur eine hier verblieben und in dieser Bibliothek archiviert worden. Die Goethe-Sammlung Anton Kippenbergs wird heute in Düsseldorf aufbewahrt und gezeigt; die Faustsammlung des Arztes Dr. Gerhard Stumme, Freund und Altersgenosse des Insel-Verlegers, ging nach dem Krieg nach Weimar. Was hier nun liegt, ist der Sammelleidenschaft des Verlegers Salomon Hirzel zu danken, den wir als Verleger bereits eingeführt hatten. Hirzel, der aus der Schweiz stammte und über den Briefwechsel Goethes mit Johann Kaspar Lavater zu seinem Sammelthema fand, konnte in seiner Zeit noch ziemlich viele Autographen, vorwiegend von Goethes Hand, zusammentragen. Gemeinsam mit Leipziger Freunden, unter ihnen Hermann Härtel, erwarb er Teile des Nachlasses der Friederike Oeser, der

*Bibliotheca Albertina – Blick in den neuen
Lesesaal*

in dem kleinen Gut ihres Schwagers Geyser in Leipzig-Eutritzsch lag. Als 1865, zum hundertsten Jahrestag der Immatrikulation Goethes, die Philosophische Fakultät dem Verleger Hirzel die Ehrendoktorwürde verlieh, bedankte sich dieser mit der Ankündigung, seine Goethe-Bibliothek nach seinem Tod der Universität zu überlassen. Dies geschah 1877.

Wir schauen schräg über die Straße, jenseits der Grassistraße liegt das *Café Protzendorf*. An dieser Stelle befand sich einst das Café Hannes, in dem einige Professoren verkehrten, die zum Ansehen der Universität um 1900 wesentlich beigetragen haben: der Psychologe Wilhelm Wundt, der Chemiker Wilhelm Ostwald – erster Nobelpreisträger der Universität (1909), der Historiker Karl Lamprecht und der Jurist Karl Binding, Vater des Erzählers und literarischen Übersetzers Rudolf G. Binding. Wundt wohnte nicht weit von hier, in der Schwägrichenstraße 17, das Haus ist völlig zerstört. Zum geselligen Kreis, der sich in Wundts Wohnung zusammenfand, gehörte häufig Max Klinger. Dies wird zwischen 1910 und 1920 gewesen sein; Wundt starb 1920. Klinger hat von Wundt und Lamprecht Büsten geschaffen.

Im Café Hannes saßen Ende des 19. Jahrhunderts einige junge Leute, Juristen zwar, aber mit literarischen Ambitionen, die zunächst als Auguren-Kolleg, später als »Litterarische Gesellschaft« das Theaterleben ein wenig auf den Kopf stellen wollten, »pour épater le bourgois«, wie Kurt Martens in seiner »Schonungslosen Lebenschronik« schrieb, in der er seine Mitauguren charakterisierte und ihr gemeinsames Programm rückblickend umriß. Davon haben wir bereits in der Hainstraße gehört.

In der Schwägrichenstraße 11 wohnte zu dieser Zeit Elsa Asenijeff, eine neoromantische Schriftstellerin. Sie

124

war 1887 nach Leipzig gekommen, um hier zu studieren.
Martens beschreibt in seinen Erinnerungen ihr erstes Auftreten nach einem Vortrag Detlev von Liliencrons in der
»Litterarischen Gesellschaft«. »Wer Augen und Ohren aufsperrte, konnte allerliebste Beobachtungen machen. Max
Klinger, anfangs sehr wortkarg und frostig, erwärmte sich
zusehends und erzählte schließlich in seinem breiten, behäbigen Sächsisch von der Entstehung der Salome. Vom
anderen Ende der Tafel her folgte eine fremdartige, ziemlich bizarr zurechtgemachte junge Dame, Frau Elsa Asenijeff, geschiedene Nestorow, saugenden Blickes, mit gespannter Aufmerksamkeit, jedem Worte des hünenhaften,
rotbärtigen Künstlers. Klinger kannte sie ebenso wenig
wie wir. Niemand wußte, wer sie eigentlich mitgebracht
hatte. Als dann zu vorgerückter Stunde die Plätze zwanglos gewechselt wurden, saß Frau Asenijeff plötzlich neben
Max Klinger und suchte ihn, obgleich er vorderhand keine
Notiz von ihr nahm, in ein Gespräch zu verwickeln.« Max
Klinger war fünfzehn Jahre lang mit Elsa Asenijeff eng verbunden, sie zu heiraten, wagte er mit Rücksicht auf seine
Familie nicht, ein Großteil ihres gemeinsamen Lebens
spielte sich auf Reisen ab. Klinger hat die reizvolle Gestalt
Elsa Asenijeffs in Gemälden und Plastiken für die Nachwelt bewahrt. Seine Trennung von ihr hat sie nicht verkraftet, sie irrte, verarmt und ohne soziale Bindung als
Spottgestalt durch die Stadt und starb in einer Nervenheilanstalt.

In einer Straße dieses Viertels, in der Haydnstraße 4, hatten drei junge Schriftsteller, wir kennen sie nun schon,
1912 eine Wohngemeinschaft begründet: Kurt Pinthus,
Walter Hasenclever und Franz Werfel. Friedrich Michael
hat eine Episode überliefert, die Werfels lässigen Lebensstil
charakterisiert: Als er wieder einmal bis in den Tag hinein

geschlafen hatte, weckte ihn seine Wirtin mit den Worten: »Herr Werfel aufstehen! Der Herr Hasenclever hat schon 'n halben Akt fertch!«

Wir stehen noch immer vor der Universitätsbibliothek, nun biegen wir nach rechts in die *Grassistraße* ein. Linker Hand befindet sich seit 1887 die *Hochschule für Musik und Theater Felix Mendelssohn Bartholdy*. Das auf Mendelssohns Initiative hin 1843 in Leipzig etablierte Konservatorium der Musik (»Hier in Leipzig ist das Bedürfnis einer Musikschule ... ein lebhaft gefühltes.«), das erste in Deutschland, hatte seinen Standort zunächst in der Innenstadt, gleich hinter dem alten Gewandhaus. Ende des 19. Jahrhunderts übte diese Musikhochschule eine besondere Anziehungskraft auf nordische Komponisten aus. Edvard Grieg studierte hier und Johann Severin Svendsen, aber auch der Mähre Leoš Janáček und der Ungar George Széll. Tschaikowski war während seines Leipziger Aufenthalts 1888 mit Grieg und dessen Frau zusammengetroffen, sie hatten schnell Zuneigung zueinander gefaßt. Nach wie vor ist Leipzig Studienort junger ausländischer Musiker, die ein knappes Viertel der Studierenden ausmachen. Die Zusammenlegung der Musik- und der Theaterhochschule erfolgte 1991.

Bevor wir auf die *Wächterstraße* gelangen, erblicken wir an einer Gebäudewand auf der rechten Straßenseite eine Tafel, auf der wir lesen, daß Adam Friedrich Oeser die Kunstakademie des 18. Jahrhunderts in Leipzig leitete. Diese verblieb bis zum Ende des 19. Jahrhunderts in der Pleißenburg, wo wir Goethe und Oeser besucht hatten. 1889 erhielt sie ein großes neues Gebäude, vor dessen Hauptfront wir stehen, wenn wir uns in der Wächterstraße nach rechts wenden. Über dem Portikus steht: *Hochschule für Grafik und Buchkunst*, eine seit 1900 mehrfach veränderte Bezeichnung. Die Beziehung dieser Hochschule zur Buchherstellung war zwischen 1920 und 1940 unter der Leitung des Buchillustrators und Typographen WALTER TIEMANN besonders eng. In dieser Zeit genoß die Hochschule internationale Geltung. Nach dem Zweiten Weltkrieg wurden die Traditionen von Buchkunst, Grafik und Fotografie im wesentlichen fortgeführt. Als BERNHARD HEISIG 1961 eine Klasse für Malerei eröffnete, begann eine neue Ära der Schule. Werner Tübke, Wolfgang Mattheuer, später Volker Stelzmann und Hartwig Ebersbach gingen aus der sogenannten »Leipziger Schule« hervor. Exemplarisch sind diese Maler im neuen Museum der bildenden Künste vertreten. Unter den veränderten Bedingungen nach 1990 ist diese Einrichtung viel mehr als früher dem gesamtdeutschen wie internationalen Vergleich ausgesetzt. Heute sind Maler wie Neo Rauch oder Matthias Weischer, die der »Neuen Leipziger Schule« zugerechnet werden, bereits bekannte Namen auf dem internationalen Kunstmarkt.

Auf der gegenüberliegenden Straßenseite klingt aus dem geöffneten Fenster einer schönen alten Villa, in der ehemals ein Kommerzienrat residierte, der klagende Melodiebogen eines Klarinettisten. Das Haus wird von der Musikhochschule genutzt. Alle diese kleinen Palazzi in unmittelbarer Parknähe in der Wächterstraße und in der Karl-Tauchnitz-Straße ließen sich Leipziger Unternehmer vor und kurz nach 1900 erbauen.

Daneben in der *Wächterstraße 34* geht es ruhiger zu, obwohl hier auch angehende Künstler beim Üben sind. Im *Deutschen Literaturinstitut Leipzig* erwerben künftige Schriftsteller das handwerkliche Rüstzeug für ihre schöpferische Arbeit. Ihre Eignung hatten sie beim Aufnahmeverfahren nachweisen müssen. 1995 wurde das der Universität angeschlossene Institut mit einem ersten Studiengang eröffnet. »Lehrer« sind zwei anerkannte Autoren: HANS-ULRICH TREICHEL, Essayist und Erzähler (u. a. »Der Verlorene« 1998, »Menschenflug« 2005) und JOSEPH HASLINGER, ebenfalls Erzähler (u. a. »Opernball« 1995, »Zugvögel«, 2006). Von den Absolventen der Gegenwart hat JULI ZEH mit mehreren Romanen (u. a. »Spieltrieb« 2004, »Stille ist ein Geräusch« 2002) bereits Karriere gemacht. Eine solche ›Dichterschule‹, deren Berechtigung immer mal wieder in Frage gestellt wird, gab es schon zu DDR-Zeiten in Leipzig. Das Literaturinstitut »Johannes R. Becher« wurde 1955 eingerichtet und 1993 »abgewikkelt«. Aus ihm sind Erich Loest, Ralph Giordano, Sarah Kirsch, die spätere Ingeborg-Bachmann-Preisträgerin ANGELA KRAUSS (»Die Gesamtliebe und die Einzelliebe« 2004) und viele andere hervorgegangen. Diese Schule, an der ein so sensibler Lyriker wie GEORG MAURER gelehrt hat, ist trotz ihres ideologischen Vorzeichens nicht zur Freude, sondern unter starkem Protest der ehemaligen ›Schüler‹ geschlossen worden.

Ein Text der in Leipzig lebenden Angela Krauß wird an dieser Stelle eingefügt.

Orte
Wo steht diese Stadt, die Begehrte, die Niegesehene?
Die sich tausendmal aufgelöst hat vor unseren Schritten.
Die ihre Aura aus Spiegelungen trägt
wie eine Monstranz.
Deren Schönheit nichts Vertrautes verspricht.
Die uns Verlassen und Aufbruch befiehlt,
Trennung und Verrat
Die uns treu bleibt, wenn wir uns abwenden.

Die hinter jeder kleinen Dauer, in der wir uns einrichten,
bald schon wiedersteht.
Hinter allem, was tröstet.

Steil über den warmen Mauern unseres Hauses
können wir nachts ihr blaues Wetterleuchten sehn.

Wir setzen unseren Weg durch die Grassistraße Richtung
Park fort. Linker Hand steht eine einsame Gründerzeit-
villa mit separaten Anbauten. Mit dem Sponsoring des
Unternehmers Arend Oetker ist eine *Galerie für Zeitgenössische Kunst* entstanden. Sie ist keine reine Ausstellungs-
institution, sondern eher eine Einrichtung für langfristige
Projektarbeit mit auswärtigen und ausländischen Partnern
zu aktuellen Themen (»Schrumpfende Städte« 2005/06)
und Themen der Kultursituation in osteuropäischen Ländern unter postkommunistischen Verhältnissen.

Wir überqueren die Karl-Tauchnitz-Straße und stehen im
Johannapark. Diesen Park hat der Bankier Wilhelm Seyfferth durch eine Stiftung anlegen und von dem Land-
schaftsgestalter Peter Joseph Lenné in den 60er Jahren
des 19. Jahrhunderts im Stil englischer Parkanlagen gestalten lassen. Benannt wurde er nach Seyfferths Tochter Jo-
hanna, die, vom Vater in eine Zwangsehe getrieben, in große seelische Not geriet, an der sie zerbrach. Der Park ist
öffentlich, Seyfferth wünschte, »daß die Verbindung durch
den Park direkt nach den Wiesen und Wäldern der Aue
dem Publikum ... erhalten bleibt«.
   Sie können nun selbst entscheiden, ob Sie durch diesen
Park schlendern wollen, um in westlicher oder südlicher
Richtung in den Leipziger Auewald zu gelangen, dessen
Charakter wir im letzten Rundgang ein wenig beschreiben

Johannapark

werden, oder ob Sie Richtung Lutherkirche (1883/86) gehen, die Teil eines neuen Kulturzentrums sein wird, denn benachbart entsteht um das Thomasalumnat in der Hillerstraße und das Thomasgymnasium das Forum Thomanum, ein Bildungszentrum internationalen Standards. Dazu werden – jetzt noch sanierungsbedürftige – Gebäude hinzugewonnen mit dem Ziel, vom Kindergarten über eine Grundschule dem Thomanerchor in Zukunft eine breitere Basis an musischen, musikalisch besonders erzogenen Schülern liefern zu können. Auch hier gilt als Zeitrahmen das Jahr 2012, das 800jährige Bestehen des Chores.

Der Turm des Neuen Rathauses, weithin sichtbar, orientiert Sie auf das Stadtzentrum.

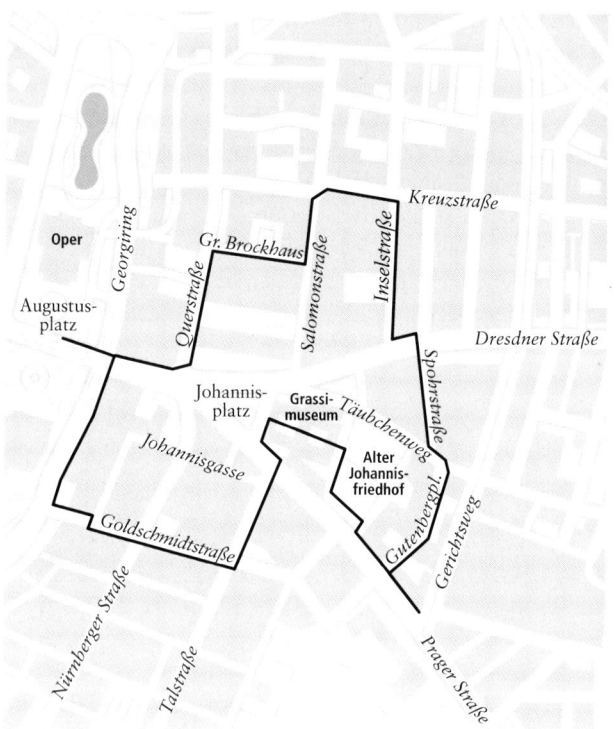

Das Graphische Viertel, der Alte Johannisfriedhof, die Deutsche Nationalbibliothek

Zum siebenten Spaziergang treffen wir uns am *Augustusplatz*. Wir verlassen das Stadtzentrum Richtung Osten, so wie es einst die Verlagsbuchhandlungen des 18. Jahrhunderts getan haben, die in der ersten Hälfte des 19. Jahrhunderts im heutigen Stadtkern keine Möglichkeiten zur räumlichen Erweiterung hatten und sich deshalb jenseits der Promenade, in der damals noch ländlichen Ostvorstadt ansiedelten. Straßennamen wie Kohlgartenstraße oder Inselstraße, benannt nach der Milchinsel eines Gutes, sind aus dieser Zeit noch erhalten. Die *Dresdner Straße* und die heutige *Prager Straße*, die in Höhe des Johannisplatzes beginnen, sind die beiden Achsen, die das Graphische Viertel durchschneiden.

Der bekannte Verleger Reinhard Piper schrieb um 1900: »Als ich das erstemal in Leipzig war, ging ich voll Ehrfurcht an den großen Verlagshäusern vorbei, über deren Toreinfahrten so berühmte Namen standen wie F. A. Brockhaus, Bernhard Tauchnitz, Philipp Reclam jr., Breitkopf und Härtel. Bei B. G. Teubner dachte ich mir: Hier also werden die vielen Schulbücher gemacht, über denen ich so manches Jahr mißmutig gesessen habe. ... Die Gebäude der großen Druckereien und Bindereien umfaßten riesige Häuserblocks. Diese Firmen waren von fast unerschöpflicher ›Kapazität‹ ... Die Firmen Brandstetter, Spamer, Bibliographisches Institut, Fikentscher, Enders, Hübel und Denck, Haag-Drugulin und viele andere arbeiteten mit idealer Pünktlichkeit und Exaktheit.«

Die meisten dieser Namen werden wir bei unserem Rundgang nicht wiederfinden. Der Zweite Weltkrieg zerstörte achtzig Prozent des Graphischen Viertels: Verlagshäuser, Druckereien, Buchbindereien, Lagerhallen. Die politische Entwicklung im Osten Deutschlands zu Beginn der deutschen Teilung veranlaßte viele Verleger, in den Westen zu gehen, sofern nicht bereits die Amerikaner während ihrer kurzen Präsenz 1945 in Sachsen die dringliche Aufforderung an einige gerichtet hatten, nach Wiesbaden überzusiedeln. Dennoch blieben einige Verlagsnamen in Leipzig erhalten, auch wenn die Betriebsteile in den meisten Fällen in staatliches Eigentum überführt wurden. Die Vereinigung Deutschlands korrigierte erneut die Eigentumsverhältnisse: Es kam zur Reprivatisierung der Leipziger Betriebe und einer Zusammenführung, oft unter dem Dach des westdeutschen Firmensitzes; nur selten richteten solche Unternehmen in Leipzig Zweigstellen ein oder ließen Lektorate weiterarbeiten. Auch einige neue Verlage sind nach der Wende 1989/90 in Leipzig begründet worden. Doch die einstige Position Leipzigs als »Buchstadt«, die zu Beginn des 20. Jahrhunderts identitätsstiftend war, ist endgültig verlorengegangen.

Wir sind inzwischen bis zur *Querstraße* gelangt und gehen in ihr nach links. Vor uns sehen wir das *Brockhaus-Zentrum*, einen mehrgliedrigen Komplex, der Mitte der 90er Jahre auf dem ehemaligen Firmengelände des Familienunternehmens F. A. Brockhaus errichtet wurde, dessen Gebäude 1943 weitgehend zerstört worden waren.

Während der junge Hans Brockhaus 1945 den Amerikanern nach Wiesbaden folgte und dort den Verlag neu aufbaute, blieb der alte Fritz Brockhaus im Leipziger Stammhaus und schaffte es mit Unterstützung seiner Mitarbeiter, die Produktion wieder in Gang zu bringen. Er starb 1952, ein Jahr darauf wurde der Verlag verstaatlicht. Nach der Wende 1989/90 konnten die Nachkommen das große Areal als ihr Eigentum reklamieren. Nun steht dort das Fünf-Sterne-Hotel Renaissance. Und was erinnert noch an den Verlag?

In der Querstraße 18 ist der Aufgang zu einem Lektorat, in dem rund sechzig Lexikonspezialisten am »Brockhaus« und am »Meyer« arbeiten. F. A. Brockhaus und das Bibliographische Institut fusionierten 1984 in Mannheim, wo sich seitdem und bis heute der Firmenhauptsitz befindet.

Wir suchen den westlichen Innenhof des Gebäudes auf. Dort stehen wir vor einem Denkmal mit der Büste von FRIEDRICH ARNOLD BROCKHAUS, die aus Anlaß seines hundertsten Geburtstages 1872 in Auftrag gegeben worden war. Brockhaus hatte sein Unternehmen 1805 in Amsterdam begründet, kehrte dann nach Deutschland zurück, arbeitete als Verleger in Altenburg und begab sich schließlich 1817 mit einem unvollendeten »Conversationslexikon mit vorzüglicher Rücksicht auf die gegenwärtigen Zeiten« nach Leipzig. Daraus ist inzwischen – im 200. Gründungsjahr 2005 – die 21. Auflage des »Brockhaus«, die Brockhaus Enzyklopädie, in 30 Bänden geworden.

Ursprünglich war der Brockhaus-Verlag als Universalverlag angelegt. Neben dem Lexikon wurde die Reiseliteratur eine wesentliche Profillinie. Doch ebenso verlegte man die philosophischen Schriften Schopenhauers, die Memoiren Casanovas oder die Goethe-Gespräche Eckermanns. Nach dem Tod des Vaters 1823 übernahmen die Söhne FRIEDRICH und HEINRICH Druckerei und Verlag. Sie durchschritten alle Phasen der industriellen Revolution im graphischen Gewerbe, und die Unruhen, die nach der 1830er Revolution in Frankreich hier ausbrachen, erfaßten auch das Unternehmen Brockhaus, in dem viele Arbeiter, angesichts der neu aufgestellten Maschinen, um ihren Arbeitsplatz bangten. Der siebzehnjährige Richard Wagner, dessen Schwester mit Friedrich Brockhaus verheiratet war, erinnerte sich lebhaft an seine damalige Eingliederung in studentische ›Ordnungskräfte‹, bis auch die Leipziger Bourgeoisie eine Kommunalgarde nach französischem Vorbild formierte und Friedrich Brockhaus zu deren Vizekommandanten machte. Bruder Heinrich, Mitbegründer des Leipziger Kunstvereins, unternahm trotz seiner Verantwortung für das umfangreiche Verlagsprogramm zahlreiche Reisen durch Europa und den Vorderen Orient. Darüber berichtete er in seinen Tagebüchern, die sein Sohn auszugsweise veröffentlichte und die auch Eintragungen zu Ereignissen in Leipzig und zum großen Freundes- und Bekanntenkreis der Brockhaus-Brüder enthalten, eine wertvolle zeitgenössische Quelle. Ein Bruder von Friedrich und Heinrich hieß Hermann und war Orientalist. Mit ihm war eine andere Schwester Wagners verheiratet. Ein Enkel von Heinrich Brockhaus folgte den Neigungen seines Großvaters, wurde Ordinarius für Kunstgeschichte an der Leipziger Universität und begründete 1897 in Florenz ein Kunsthistorisches Forschungsinstitut, dessen Handbibliothek durch Schenkungen der Leipziger Verlagshäuser Brockhaus, Seemann und Teubner aufgebaut werden konnte. Dieses Institut existiert als Bundesanstalt bis heute fort. Das Ehepaar Bühler-Brockhaus aus München hat dem Leipziger Museum der bildenden Künste anläßlich der Eröffnung 2004 seine gesamte Kollektion an französischer Malerei des 19. Jahrhunderts als Schenkung überlassen. Motiv: Verbundenheit mit Leipzig. Marion Bühler-Brockhaus ist die Ur-Urenkelin von Heinrich Brockhaus.

Über die Straße *Großer Brockhaus* gelangen wir zur

Salomonstraße, in der sich einst Verlage mit den Namen Alfred Kröner und Johann Ambrosius Barth, die weltbekannte Offizin Haag-Drugulin (vereinigt seit 1928) oder die Großbuchbinderei Enders befanden.

Wir biegen rechts in die *Kreuzstraße* ein und gehen bis zum Eckhaus links an der Inselstraße. Dort teilt uns eine Tafel mit, daß in diesem Haus Kurt Wolff von 1914 bis 1919 seinen Verlag für eine damals junge Literatur, die frühexpressionistische Lyrik, Prosa und Dramatik, unterhielt. Wir wissen bereits, daß Kurt Wolff in Leipzig Germanistik studierte. Nachdem er Ernst Rowohlt kennengelernt hatte, brach er das Studium ab und arbeitete seit 1908/09 in Rowohlts Verlag. Er brachte zwei Dinge ein: Geld und Enthusiasmus. Doch im November 1912 trennte er sich von Rowohlt und führte den Verlag bald unter seinem Namen weiter. Seine Studienfreunde Kurth Pinthus und Walter Hasenclever stellte er als Lektoren ein. 1912 siedelte Franz Werfel von Prag nach Leipzig über. Auch er wurde Lektor bei Kurt Wolff. In abendlicher Runde, natürlich in einer Bar, wurde die Idee für eine neue Buchreihe geboren, die 1913 mit einer Zeile aus einem Werfel-Gedicht als Titel startete: »Der jüngste Tag«. Die ersten drei Hefte boten Texte von Werfel, Hasenclever und Franz Kafka. Des weiteren kamen Johannes R. Becher, Georg Trakl, Gottfried Benn und andere zu Wort, die meisten zum ersten Mal überhaupt. 1914 zerfiel der Kreis der jungen Literaten – Wolff, Hasenclever und Werfel mußten in den Krieg ziehen –, doch Kurt Wolff gelang es, den Verlag zu erhalten und noch einige wichtige Werke von Franz Kafka (»Die Verwandlung«), Max Brod (»Tycho Brahes Weg zu Gott«), Gustav Meyrink (»Der Golem«), Karl Kraus und Heinrich Mann (»Der Untertan«) herauszubringen. 1919 verlegte Wolff sein Unternehmen nach München.

Wir müssen unsere Position kaum verändern, um das große *Reclam-Haus* in Augenschein nehmen zu können, das auf der anderen Seite der Inselstraße steht. Der Industriebau aus gelben Klinkern ist durch einen Mittelrisalit und zwei Seitenrisalite aus hellem Stein gegliedert, in denen einige wenige Dekorreliefs angebracht sind. Das Verlagssignet, ein großes R, steht im Giebelfeld beider Seitenteile, im rechten erkennen wir außerdem ein Doppelbildnis von Goethe und Schiller, darunter Greif und Eule, die für das Buchdruckergewerbe und die Weisheit (in Büchern) stehen. Seit 1887 ließ die Unternehmerfamilie das Gebäude an der Stelle einer vormaligen Druckerei errichten. Die Fertigstellung des Baus 1905 erlebte Philipp Reclam jun., der 1828 den Verlag und 1867 die Universal-Bibliothek begründet hatte, schon nicht mehr. »Die Reclambände ... haben den Minderbemittelten zu einer gediegenen und umfassenden Bibliothek verholfen und deutsches Geistesgut rund um den Erdball verbreitet. Sie sind in Tokio oder Paris ebenso wohlfeil und leicht zu haben wie auf dem Bahnsteig in Kottbus.« Mit diesen Worten würdigte Hans Reimann in den 20er Jahren in seinem »Buch von Leipzig« den Begründer der preiswerten Taschenbuchreihe. Im politischen Leben kämpfte Anton Philipp Reclam für die Freiheit des Wortes und die Unabhängigkeit des Verlegers. Dafür nahm er auch Repressalien in Kauf. 1950 verließ die Familie Reclam Leipzig und wählte bei Stuttgart einen neuen Verlagsort. Reclam Leipzig bestand zunächst fort, ist jedoch im Frühjahr 2006 als Standort aufgegeben worden. Ein Verlust an Tradition für Leipzig!

Wir gehen nun die Inselstraße in Richtung Dresdner Straße entlang. Links, *Inselstraße 18*. Hier stehen wir vor dem Haus, in das Robert und Clara Schumann, geb. Wieck, nach ihrer Eheschließung am 12. September 1840 einzogen.

Schumann-Haus

Dieses von hohen Platanen etwas verdeckte Einzelgebäude im spätklassizistischen Stil gehört zu den nur noch raren Beispielen aus dieser Epoche in Leipzig. Seine sanierte Fassade mit einem Mittelrisalit, durch Pilaster gegliedert, macht einen vornehmen Eindruck. Als die Schumanns hier ihr Eheleben begründeten, legten sie ein Tagebuch an, das unverhüllt auch alle Konflikte festhielt, die dieses Künstlerpaar auszutragen hatte. Die Sängerin Brigitte Fassbaender nutzte die Niederschriften für eine biographische Skizze über Clara: »... das Klavier schweigt – ihr Üben stört Robert beim Komponieren. Sie findet sich vorübergehend mit dem Brachliegen ihrer Fähigkeiten ab; Gehorchen hat sie gelernt – noch überwiegt das Glück der jungen Ehe, der Stolz auf diesen Mann, von dem als Komponist Großes erwartet wird und neben dessen großer künstlerischer Bedeutung sie sich oft klein und mittelmäßig vorkommt. Außerdem wird das erste Kind geboren – Marie kommt 1841 auf die Welt. Zeit zum Konzertieren, Reisen bleibt sowieso nicht. Der Haushalt, die Pflichten und Sorgen fordern sie ganz. Denn Sorgen, vor allem finanzielle, gibt es genug ...« Dennoch sind diese Jahre bis zum Umzug nach Dresden 1844 schöpferische Jahre. Hier entsteht die Frühlingssinfonie Schumanns, die unter Leitung des Freundes und Förderers Felix Mendelssohn Bartholdy 1841 im Gewandhaus aufgeführt wird. Gäste von außerhalb kommen, und Clara genießt die Verehrung von Künstlerkollegen. Sie konzertiert mit Franz Liszt und spielt den Klavierpart in einem Quartett ihres Mannes in Anwesenheit von Hector Berlioz und dessen Frau. Das Haus hat einen eigenen Musiksalon. »Alle Sonntage haben wir jetzt Musik, einmal bei Mendelssohn, dann bei uns etc. Da wird gespielt, was jeder mitbringt«, notierte Clara. Inzwischen hat ein privater Bildungsträger das Haus übernommen und dort die

Freie Grundschule »Clara Schumann« mit erweitertem Musikunterricht eingerichtet. Der seit 1995 agierende Robert-und-Clara-Schumann-Verein Inselstraße 18 e. V. hat in der ehemaligen Wohnung der Schumanns eine Memorialstätte gestaltet. Der Schumannsche Musiksalon, dessen Wiederherstellung einen hohen Grad an Authentizität bewahrt hat, ist heute ein Teil der lebendigen Musikszene der Stadt.

Vorn auf der *Dresdner Straße* wenden wir uns nach links. Da steht ein großes Druckereigebäude, als wäre es eben erst erbaut worden. *Brandstetter* Buchdruckerei, Musikaliendruckerei. Oben zwei Köpfe, Gutenberg und Beethoven. Der fünfgeschossige Stahlbetonbau wurde 1906 für das expandierende Unternehmen errichtet. In mehreren Reliefszenen ließ der Besitzer an der Fassade Tradition und Tätigkeit des Druckens darstellen. 1943 teilweise zerstört, anschließend enteignet, lebt heute wenigstens der Name fort. Gedruckt wird nicht mehr. Die Handwerkskammer Leipzig hat das Haus übernommen.

Die nächste Querstraße ist die *Scherlstraße*, ehemals Blumengasse. Das Eckgebäude zur Dresdner Straße hatte der Besitzer der *Hinrichsschen Verlagsbuchhandlung* erworben. 1888 war man aus der Innenstadt hierher gezogen. Im vorderen Haus wohnte von 1850 bis zu seinem Tod Gustav Theodor Fechner. Der Physiker und hochgeachtete Universitätsprofessor wandte sich später philosophischen und kulturästhetischen Fragen zu. Manche Anregung verdankte er der Bekanntschaft mit Kunstfreunden, wie der mit Hermann Härtel. In derselben Straße, in der Nummer 10 (das Hinterhaus existiert nicht mehr), hatte Friedrich Nietzsche zu Beginn seiner Leipziger Studentenzeit ein Zimmer gemietet.

Wir überqueren die Dresdner Straße und gehen in die

Spohrstraße. Vom *Insel-Verlag* Anton Kippenbergs gibt es in dieser Straße heute keine Spur mehr. Während die rechte Häuserzeile noch steht, ist die linke, auch die Hausnummer 7, gänzlich verschwunden. Heute stehen dort Plattenbauten aus DDR-Zeiten. Am 4. Dezember 1943 brannte das Verlagsgebäude, von Bomben getroffen, völlig nieder. Der 1899 gegründete Verlag war 1901 ins Leipziger Handelsregister eingetragen worden. Von 1906 an bis zu seinem Tod hatte Anton Kippenberg das Insel-Schiff, das als Signet die Bücher schmückte und noch immer schmückt, alleinverantwortlich gesteuert. Hier war 1912 die Insel-Bücherei ins Leben getreten, die der Verleger mit dem »Cornet« von Rainer Maria Rilke, einem der bis heute wichtigsten Autoren des Verlags, eröffnete. Wie allen Editionen, so hat Kippenberg auch dieser Reihe große, von ihm persönlich überwachte Sorgfalt in der buchkünstlerischen und typographischen Gestaltung angedeihen lassen. Walter Tiemann war Kippenbergs Berater und Freund. Nur in ausgewählten Offizinen gingen die Texte in Druck: bei Poeschel und Trepte, bei H. F. Jütte, bei Spamer und bei Haag-Drugulin. Anton Kippenbergs wichtigste Mitarbeiterin war seine Frau Katharina. Sie las und beurteilte die Manuskripte und unterhielt durch einen intensiven Briefwechsel die Kontakte zu den Autoren. 1945, nachdem auch das Privathaus in Gohlis zerstört worden war, lebten die Kippenbergs außerhalb von Leipzig. Die Amerikaner erteilten dem Insel-Verlag eine Lizenz für Wiesbaden. Kippenbergs Mitarbeiter Friedrich Michael nahm sie wahr. Kippenberg legte Wert darauf, gleichfalls den Standort Leipzig zu erhalten, die sowjetische Militäradministration gewährte 1946 die Lizenz. Bis zu seinem Tod 1950 bemühte sich der Verleger, die Fäden zu beiden Verlagsorten in den Händen zu halten. Die Zusammenführung von »Insel«-West (seit

1963 Teil des Suhrkamp Verlags) und »Insel«-Ost erfolgte 1991, der Hauptsitz der »Insel« blieb Frankfurt am Main, in Leipzig konnte eine Niederlassung weiterarbeiten. Die Stadt Leipzig würdigte im Jahr 2000 den Verleger Anton Kippenberg mit einer Straßenbenennung in Reudnitz am östlichen Rand des Graphischen Viertels. Schon länger sind in diesem Viertel Straßen nach Breitkopf, Göschen, Crusius, Reclam und Teubner benannt.

Wir überqueren den *Täubchenweg*. Links, Ecke Gerichtsweg, befand sich das Bibliographische Institut von HERMANN JULIUS MEYER, der 1874 mit seinem Lexikon-Programm nach Leipzig gekommen war und später den »Duden« herausbrachte. Dieses »Standardwerk zu allen Fragen der Rechtschreibung« gehört bis heute, einschließlich der Reihe der Fachwörterbücher, zu den Haupttiteln von BI und Brockhaus.

Und nun stehen wir auf dem *Gutenbergplatz*, dem einstigen Zentrum des Graphischen Viertels. Seinen Namen erhielt das Areal 1940 zu Ehren des Erfinders der Buchdruckerkunst. 1740 hieß es in einer Gutenberg-Hymne: »Was Leipzig druckt, sey prächtig schön …«. Dafür standen im 18. Jahrhundert die Bücher Breitkopfs, im 20. Jahrhundert die des Insel-Verlags. Heute weist der Gutenbergplatz noch deutliche Zeichen des Krieges und gleichzeitig einer steckengebliebenen Nach-Wende-Investition auf. Auf der linken Seite ist zwar die *Gutenberg-Galerie* hochgezogen worden, ein Bürohaus mit Hotel, aber die Hinterfront des Platzes, das BUGRA–Messehaus, in dem während der Leipziger Messen der drucktechnische Maschinenbau ausgestellt wurde, steht nur als entkernte Gebäudehülle da. Die rechte Seite des Gutenbergplatzes wird von einem Schulbau im Stil der Neuen Sachlichkeit besetzt, die *Gutenbergschule*. Hier werden alle Berufe des Berufsfeldes Drucktechnik sowie Buchhändler und Verlagskaufleute ausgebildet. Ähnliche Einrichtungen gibt es in Köln, Heidelberg, Düsseldorf und Frankfurt am Main; Leipzig ist die älteste und blickt auf mehr als 150 Jahre Schulgeschichte zurück.

Längs der Prager Straße zwischen Gutenbergplatz und Gerichtsweg befindet sich das *Haus des Buches*. Es wurde 1996 eröffnet und steht auf dem Gelände des im Krieg zerstörten Buchhändlerhauses, des einstigen Sitzes des Börsenvereins der Deutschen Buchhändler, der 1825 in Leipzig seine Gründung erlebte. Der moderne rote Klinkerbau, an dessen Schmalseite wir bis zur Prager Straße entlanggehen, soll im weitesten Sinne Traditionen der Buchstadt Leipzig bewahren. Hier haben das Leipziger Büro des Börsenvereins (Hauptsitz Frankfurt am Main), literaturnahe Vereine und Dependancen von Verlagen ihren Sitz. Und in den Veranstaltungsräumen des Erdgeschosses bietet das Kuratorium »Haus des Buches« e. V. / Literaturhaus Leipzig ein dichtes Programm von Autoren-Lesungen, Debatten und Ausstellungen an.

Dem Börsenverein des Deutschen Buchhandels ist es zu danken, daß nach der Vereinigung Deutschlands Leipzig seine Buchmesse im März behalten und sich neben der Frankfurter Buchmesse im Oktober zunehmend behaupten konnte. Der Bertelsmann Club hatte 1992 die organisatorisch-finanzielle Grundlage für das umfangreiche Programm »Leipzig liest« gelegt und damit der Leipziger Messe ihr eigenes Profil verschafft, das Jahr um Jahr mehr Verlage und Besucher auf das Messegelände lockt. Schließen abends die Messehallen, geht das Lesen, Zuhören, Debattieren in der Innenstadt weiter, in Clubs, Verlagsräumen, Buchhandlungen, Cafés …

Nun kehren wir um und gehen wieder Richtung Innenstadt. Von der Prager Straße aus betreten wir durch eine kleine Tür den hinteren Teil des *Alten Johannisfriedhofs*. Seit 1536 war er der älteste kommunale Begräbnisplatz. 1883 fand die letzte Beerdigung statt. Auch der Neue Johannisfriedhof, der 1846 weiter südöstlich eingerichtet wurde, besteht inzwischen nicht mehr. 1995 erhielten die Relikte dieses alten Friedhofs öffentlichen Denkmalcharakter. Dabei fand eine Gruppe von Grabsteinen Aufstellung, die vom Neuen Johannisfriedhof stammen. Wir wollen einen Spaziergang über den Friedhof mit seinen alten Bäumen machen und an einigen Grabsteinen und Grabtafeln verweilen.

An der südöstlichen Mauer des Friedhofs entdecken wir eine Gedenktafel für die Familie TAUCHNITZ. Neben Karl Christoph Traugott Tauchnitz, der in seiner Druckerei als erster in Leipzig die Stereotypie einführte, muß sein Neffe Bernhard Tauchnitz erwähnt werden, der eine Grabstelle auf dem Neuen Johannisfriedhof hatte. Auch er war Verleger und machte sich durch seine »Collection of British Authors« europaweit bekannt. Der Romancier Charles Dickens schrieb dem Herausgeber: »Es ist mir stets ein Vergnügen, mit Ihnen Geschäfte zu haben, denn ich freue mich immer über Ihre ehrenfeste und vornehme Gesinnung.« Der Sohn von Traugott Tauchnitz, Karl Christian Philipp, löste sich vom Verlegergeschäft und wandte sich sozialen Problemen zu, spendete beträchtliche Summen für das städtische Waisenhaus und hinterließ sein finanzielles Erbe der Stadt Leipzig. Nach ihm ist die Karl-Tauchnitz-Straße in der Innenstadt benannt. Wir gehen bis zum Hauptweg und biegen in ihn ein. Rechts steht der wohl schönste Grabstein des alten Friedhofs, nämlich für die MUTTER RICHARD WAGNERS und seine SCHWESTER ROSALIE. Rosalie war Schauspielerin, das Gretchen der ersten »Faust«-Aufführung 1829 in Leipzig. Sie starb 1837.

Alter Johannisfriedhof, Grabstein für Mutter und Schwester Richard Wagners

Dann gehen wir an der Mauer entlang, die die Abteilung V von der Abteilung IV trennt, vorbei an den Grabplatten für Gustav Harkort und Theodor Weinlig, den Thomaskantor und Lehrer Wagners. So stoßen wir in Richtung Prager Straße auf das Lapidarium, eine Sammlung von Steinen des Neuen Johannisfriedhofs. Dazu gehört das Urnengrab der Familie Reclam, ein Sarkophag mit Akroterien, ganz im klassizistischen Stil. Auf der anderen Seite der Quermauer hängt eine Grabtafel für BENEDICTUS GOTT-HELF TEUBNER, der zu den bedeutendsten Druckern und Verlegern seiner Zeit gehörte. Er druckte für Brockhaus und Reclam, bevor er selbst einen Verlag eröffnete. 1849 begann er mit der Herausgabe der »Bibliotheca scriptorum Graecorum et Romanorum Teubneriana«, mit der er Lesestoff für den Latein- und Griechisch-Unterricht der Schulen bereitstellte, und dies über die Grenzen Deutschlands hinaus. Auch mathematische, naturwissenschaftliche und technische Lehrbücher kamen aus diesem Haus. Die Schulbuchproduktion wurde zunehmend zu einer tragenden Säule des Unternehmens. 1943 fielen mehr als neunzig Prozent von Teubners Gebäuden, einschließlich der Schriftsätze und Druckmaschinen, der Zerstörung anheim. Nach der Verstaatlichung des Schulbuchverlages 1945 wechselte die Firma Teubner nach Stuttgart.

Die Steine der Familie Brockhaus vorn am Weg sind stark beschädigt. Die Büste von F. A. Brockhaus, die wir im Innenhof des Brockhaus-Zentrums sahen, fehlt. Wir bleiben an einem schmucklosen Würfel für Adolf Schletter stehen, dem Leipzig die finanziellen Mittel für das erste Bildermuseum am Augustusplatz verdankt. Dann sehen wir den Grabstein für Wilhelm His, der Bach auf dem Alten Johannisfriedhof exhumierte. Weiter vorn gehen wir auf der linken Seite zu einer Grabplatte an der Quermauer: Unter den Namen mehrerer Familienmitglieder lesen wir Catharina Kanne, geb. Schönkopf, gest. 1810. Wir erinnern uns: Goethe: An den Schlaf: »Sink, wie Mama in deinen, in meinen gier'gen Arm.« Auf der anderen Seite des Weges befand sich das Grab von Christian Felix Weiße, dem heiteren Singspiellibrettisten und liebenswürdigen Kinderbuchautor. Verehrer haben den schlichten Würfel nach zweihundert Jahren durch einen neuen ersetzt. Wir ehren ihn durch Zitieren folgender Zeilen:

An den Schlaf
Komm, süßer Schlaf, erquicke mich, mein müdes Auge sehnet sich,
der Ruhe zu genießen. Komm, sanft es zuzuschließen.
Wie aber Freund? O schlössest du von nun an es auf ewig zu,
und diese Augenlider säh'n nie den Morgen wieder?
Dann weiß ich, daß ein schön'res Licht einst meinen Schlummer unterbricht,
und einen Tag mir gönnet, der keinen Abend kennet.

In der Mitte der Rasenfläche fällt ein großer Obelisk auf. Mit ihm wird der Kaufmann DOMINIC GRASSI (Straße im Musikviertel) gewürdigt, der 1880 verstarb und der Stadt sein beträchtliches Vermögen hinterließ. Mit diesem Geld konnte vor allem das Museum für Kunstgewerbe und Völkerkunde am ehemaligen Königsplatz, dem heutigen Leuschnerplatz, gebaut werden. Das Gebäude wurde später veräußert und mit dem Erlös das »neue« Grassimuseum 1925/29 auf einer Teilfläche des Alten Johannisfriedhofs errichtet. Wir blicken jetzt von unserem Standort auf die Rückseite der Museumsanlage. Nach umfassender Sanierung konnten die drei Museen, das Museum für Angewandte Kunst, das Museum für Völkerkunde und das Musikinstrumentenmuseum 2006/07 wieder einziehen. Die Sammlungen sind hochkarätig. Wir durchschreiten die beiden Innenhöfe. Auch hier steht noch ein Grabstein, für die Familie Crusius. Siegfried Leberecht Crusius war bereits in der Grimmaischen Straße als bedeutender Verlagsbuchhändler des 18. Jahrhunderts erwähnt worden.

Wir verlassen den Eingangsbereich des *Grassimuseums* am Johannisplatz. Die Grünfläche, die vor uns liegt, war einst der älteste Teil des Johannisfriedhofs, auf der auch die Johanniskirche stand. Auf der Südseite des Friedhofs ist 1750 Johann Sebastian Bach bestattet worden. Er wurde Ende des 19. Jahrhunderts exhumiert und gemeinsam mit den sterblichen Überresten Christian Fürchtegott Gellerts in einer Gruft des neu gebauten Kirchenschiffs beigesetzt. Diese Kirche erlitt 1943 durch englische Bomben erhebliche Zerstörungen. Der Turm blieb stehen. Die Grabgruft mußte aufgehoben werden, Bach wurde in die Thomaskirche, Gellert in die Universitätskirche überführt. Kurz vor ihrer Sprengung 1968 bettete man Gellert in einer Nacht-und-Nebel-Aktion auf den Südfriedhof um. Bereits 1963 fiel der Turm der zerstörten Johanniskirche der Abrißwut der Stadtoberen zum Opfer. Ein Verein bemüht sich jetzt um seinen Wiederaufbau.

Wir wenden uns nach links, überqueren in Höhe der Straßenbahnhaltestelle die Prager Straße und gehen in die *Talstraße* bis zur Kreuzung *Goldschmidtstraße*. Auf dem heutigen Trümmergrundstück linker Hand stand die pompöse Villa von Ernst Keil, der ab 1853 die Zeitschrift »Die Gartenlaube« herausbrachte, die innerhalb der folgenden zehn Jahre eine erstaunliche Abonnentenzahl erreichte und deren Titel weder die hohe Qualität der Beiträge noch die Breite der Themen vermuten läßt.

Schräg gegenüber, Goldschmidtstraße 26, steht noch das Haus, in dem 1894 die Buchhändler MAX ABRAHAM und sein Neffe und Nachfolger HENRY HINRICHSEN die »Musikbibliothek Peters« einrichteten. Sie war von Anfang an öffentlich und ist später Bestandteil der Stadtbibliothek geworden. Abraham und Hinrichsen waren die Besitzer des Musikverlags C. F. Peters, der 1814 aus dem 1800 in Leipzig gegründeten Bureau de Musique hervorgegangen war. Sie richteten den Verlag in der *Talstraße 10* ein (nur 100 m von der Kreuzung entfernt). Das Gebäude, das Abraham 1874 bauen ließ, ist nach der Sanierung wieder eine Augenweide für alle Betrachter. Eine Tafel macht darauf aufmerksam, daß Edvard Grieg nicht nur Autor des Verlags, sondern auch ein guter Freund der Verleger war, man hatte für ihn immer ein Zimmer reserviert, wenn er in Leipzig weilte. Eine Edvard-Grieg-Gedenkstätte ist in diesem Haus eingerichtet.

Zurück zur Goldschmidtstraße. Wir bleiben auf der linken Seite. *Goldschmidtstraße 20.* Hier steht ein Schulgebäude, in dem HENRIETTE GOLDSCHMIDT 1911 eine »Hochschule für Frauen« einrichtete, nachdem sie bereits in den 60er Jahren des 19. Jahrhunderts Ausbildungs- und Fortbildungskurse für Frauen initiiert hatte. Zusammen mit LOUISE OTTO-PETERS begründete sie 1865 den Allgemeinen Deutschen Frauenverein. Zu Ehren der Frauenrechtlerin und Pädagogin wurde 1947 die ehemalige Königsstraße in Goldschmidtstraße umbenannt.

Wir blicken in die *Nürnberger Straße.* Hierher zog 1867 der Musikverlag Breitkopf und Härtel. Nach 1945 siedelte auch er nach Wiesbaden über. Und: aus der Nürnberger Straße kam seit 1872 der »Baedeker«.

Unsere Aufmerksamkeit gilt nun der *Goldschmidtstraße 12,* Teil eines großen spätklassizistischen Wohnhauses, das 1844/45 erbaut wurde. Darin bezog 1845 Felix Mendelssohn Bartholdy mit seiner Familie eine Etage. Weder seine vormalige Leipziger Wohnung noch Wohnungen in anderen Städten wie Berlin oder Düsseldorf sind erhalten geblieben, nur dieses Haus, in dem er am 4. November 1847 starb. Heinrich Brockhaus hielt in seinem Tagebuch fest: »Ein sehr trauriges Blatt in meinem Tagebuch: Ich habe das Dahinscheiden eines hohen Genius, den Tod von Felix Mendelssohn anzumerken, der heute Abend nach 9 Uhr erfolgt ist. Das ist eine Trauernachricht für die ganze gebildete Welt ... Leipzig verliert speziell viel an dem Manne, da er sich hier vor allem wohl fühlte und teils durch eigene Leistungen, teils durch den Ruf seines Namens für die musikalischen Anstalten der Stadt wirkte. Hier zählte er auch die meisten Freunde ...« Der Internationalen Mendelssohn-Stiftung, die Kurt Masur 1991 ins Leben gerufen hatte, war es gelungen, das Haus zu erwerben, seit 1993 gründlich sanieren zu lassen und die ehemalige Wohnung der Mendelssohns als ein kulturelles Zentrum der Stadt Leipzig zu eröffnen. Wir betreten das Gebäude vom Hof her. Man steigt über eine Holztreppe hinauf, über die schon Mendelssohn, seine Frau Cécile, seine vier Kinder, das fünfte wurde in diesem Haus geboren, und seine Freunde gestiegen sind. Die geräumige Wohnung konnte bis zum hundertfünfzigsten Todestag wieder in den Ausstattungszustand von 1845 gebracht werden. Drei Räume, das Arbeitszimmer, das Zimmer für Cécile und ein kleines Wohnzimmer, wurden zum Teil mit Möbeln ausgestattet, die die Stadt Leipzig schon 1970 durch günstige Umstände aus dem Nachlaß der Familie erwerben konnte. Insgesamt entsprechen die Interieurs dem Geschmack des Spätbiedermeier und sind allein schon deshalb ein museales Zeitdokument. Büsten und Bilder gehörten zur ursprünglichen

Raumgestaltung. Besonders zu beachten sind einige Aquarelle, die Felix Mendelssohn während seiner Reisen selbst malte. In Céciles Zimmer steht eine große Büste von Moses Mendelssohn, dem Großvater des Komponisten und großen Philosophen zur Zeit Lessings. Die Perle dieser Wohnung ist der wiederhergestellte Musiksalon, in dem, wie zu Mendelssohns Zeiten, sonntägliche Konzerte stattfinden. Jemand spielt eines seiner unvergänglichen »Lieder ohne Worte«, als wir das Haus verlassen.

Nebenan, *Goldschmidtstraße 10*, das Haus steht nicht mehr. In diesem Haus befanden sich drei erwähnenswerte Institutionen: Die Offizin Drugulin war bekannt vor allem für den fremdsprachigen Satz. So konnten zum Beispiel Texte mit arabischer, hebräischer und chinesischer Schrift gesetzt werden. 1928 fusionierte die Offizin mit der Haagschen Druckerei, und man zog in die Salomonstraße um. Im Vorderhaus hatte sich der Verlag von Wilhelm Engelmann niedergelassen. Er verlegte wissenschaftliche Werke, unter anderem von Wilhelm Wundt, sowie Zeitschriften der verschiedensten Fachgebiete. 1907 erschien der erste Band des »Allgemeinen Lexikons der Bildenden Künstler von der Antike bis zur Gegenwart«. 1911 ging diese Edition an den Seemann-Verlag über. 1896 begann Anton Kippenberg in diesem Verlag seine Lehre und stieg bis zum Prokuristen auf. Und schließlich: In diesem Gebäude befand sich in einem einzigen Raum der Verlag von Ernst Rowohlt, der ansonsten die Herstellung der »Zeitschrift für Bücherfreunde«, die Drugulin druckte, betreute. Es mag dem jungen Verlag sehr zum Vorteil gereicht haben, daß seine Bücher als Drugulin-Drucke erschienen und allein schon dadurch Aufmerksamkeit erregten. Der Kreis um Ernst Rowohlt und dann Kurt Wolff ist während der Spaziergänge bereits mehrfach angesprochen worden.

Hinter der Goldschmidtstraße verläuft die *Auguste-Schmidt-Straße*. Hier stand mit der Hausnummer 2-4 das im Krieg zerstörte *Hotel Hauffe*. Das Herausgebertrio der Zeitschrift »Die Insel« Otto Julius Bierbaum, Alfred Walter Heymel und Rudolf Alexander Schröder soll während einer feucht-fröhlichen Feier im Februar 1899 ganz zufällig den Titel für Zeitschrift und Verlag erfunden haben.

Ein Blick aus der Goldschmidtstraße auf die Fabrikanlage *Nürnberger Straße / Johannisgasse*: Das ist ein Betriebsteil des Unternehmens *Giesecke & Devrient*. Hier gründeten 1852 Hermann Giesecke und Alphons Devrient die »Officin für Geld- und Werthpapiere«. Nach Kriegszerstörungen und Enteignung machte das Unternehmen in München einen erfolgreichen Neuanfang. Der Leipziger Standort wurde 1991 reprivatisiert, in den großen Konzern eingegliedert und mit moderner Technik ausgestattet. In Leipzig werden wieder ausländische Banknoten, so der Euro, gedruckt.

Wir stellen es jedem frei, nun noch die *Deutsche National-bibliothek* zu besuchen. Deshalb gehen wir zum Johannisplatz. Dort besteigen wir die Linie 15 Richtung Meusdorf. Nach wenigen Minuten steigen wir an der Alten Messe aus, laufen ein Stück zurück und biegen in die Philipp-Rosenthal-Straße ein. Diese gehen wir stadteinwärts bis zur schmucklosen Rückfront der Deutsche Nationalbibliothek. Die Prachtfassade zeigt sich am *Deutschen Platz*, den wir über eine kleine Verbindungsstraße erreichen. Die leicht konkav gekrümmte Fassadenfront paßt sich dem Oval des von hohen Bäumen gesäumten Platzes an. Die Anregung für die Schaffung einer Nationalbibliothek und den Standort Leipzig ging zu Beginn des 20. Jahrhunderts maßgeblich vom Börsenverein aus. Der hohe nationale Rang dieser Institution findet seinen Ausdruck in der äußeren Gestaltung wie auch in der gediegenen Innenausstattung des Gebäudes, das der Architekt Oskar Pusch zwischen 1914 und 1916 errichtete. Auf das vorwiegend studentische Publikum, das die breite Freitreppe hochsteigt oder sich auf ihren Stufen Erholungspausen gönnt, blicken drei Köpfe herab: Bismarck, Gutenberg und Goethe. Vergegenwärtigen wir uns für einen Moment, welche Erweiterung und Differenzierung das Wissen in den letzten hundert Jahren erfahren hat, vor allem, welche neuen Wege der Erschließung, Übermittlung und Aneignung möglich geworden sind. Macht das eine Bibliothek heute überflüssig? Die vierhundertundfünfzig Plätze in mehreren Lesesälen sind stets gut besetzt. Mehr als dreizehn Millionen Medieneinheiten, das sind Bücher, Zeitschriftenbände, Dissertationen usw., die seit 1913 gesammelt werden, stehen den Nutzern zur Verfügung. Dafür wurden die nüchternen Magazintürme gebaut, die sich seit 1983 links neben dem Hauptgebäude erheben. Die Flut der Neuerwerbungen ist nicht aufzuhalten. Deshalb wird es zwischen diesen Magazintürmen und dem Hauptgebäude einen horizontal angelegten Erweiterungsbau geben, der wohl bis zum hundertsten Geburtstag der Deutschen Nationalbibliothek 2012 fertig sein wird.

Die Teilung Deutschlands führte zu einer parallelen Einrichtung in Frankfurt am Main. 1947 wurde dort die Deutsche Bibliothek eröffnet. Die bisherige gemeinsame Bezeichnung Deutsche Bibliothek wurde Anfang April 2006 auf Beschluß des Deutschen Bundestages in »Deutsche Nationalbibliothek« umbenannt. Der Einigungsvertrag von 1990 stellt beide Bibliotheken unter Einschluß des Deutschen Musikarchivs Berlin unter eine Direktion, ihr Sitz ist die Mainmetropole.

Eingangs- und Prachtseite der Deutschen Bücherei

Hinter den schweren Eingangsportalen in Leipzig warten nicht nur Buchbestände, Kataloge und Bibliografien, sondern auch Sondersammlungen und das einzigartige Deutsche Buch- und Schriftmuseum. In der »Sammlung Exilliteratur 1933-1945« (eine parallele Sammlung hat die Frankfurter Bibliothek angelegt) sind Publikationen aus den Bereichen Literatur, Politik, Wissenschaft und jüdische Emigration, die von deutschsprachigen Emigranten im Ausland veröffentlicht worden sind, vereinigt. Die »Anne-Frank-Shoah-Bibliothek« trägt die weltweit erschienene Literatur über die Verfolgung und Vernichtung der Juden Europas im nationalsozialistischen Deutschland zusammen und stellt sie der internationalen Forschung zur Verfügung. Das Deutsche Buch- und Schriftmuseum zeigt Dokumente der Papierherstellung, der Entwicklung und Gestaltung der Schrift, Objekte der verschiedenen Druckverfahren sowie wunderbare Beispiele der Buchkunst. Dieses Museum ist jedermann zugänglich und wird künftig seinen Platz im Erweiterungsbau der Deutschen Nationalbibliothek haben.

Gegenüber der Deutschen Nationalbibliothek ist das Oval des Deutschen Platzes von einigen Forschungseinrichtungen besetzt worden, deren Architektur sich den räumlichen Gegebenheiten gut anpaßt. Im Mai 2003 eröffnete ein Biotechnologie-Zentrum (Bio-City) seine Pforten, das von der Universität Leipzig wie auch von privatwirtschaftlichen Einrichtungen genutzt wird. Daneben steht seit Dezember 2003 ein Max-Planck-Institut für Evolutionäre Anthropologie (Abkürzung Eva), in dem Genetiker, Psychologen, Linguisten und Primatologen Hand in Hand arbeiten. Die Menschenaffen-Anlage im Leipziger Zoo wird von den Wissenschaftlern dieses Hauses betreut. Dieses Institut ist eines von drei Max-Planck-Instituten am Standort Leipzig. Im September 2006 legte die Frauenhofer-Gesellschaft den Grundstein zu einem Institut für Zelltherapie und Immunologie, dessen Bau sich an die Bio-City anschließt. Seine Fertigstellung ist für 2008 vorgesehen.

Wer jetzt in die Innenstadt zurückkehren möchte, der benutze die Linie 16, sie berührt alle zentralen Plätze der Stadt.

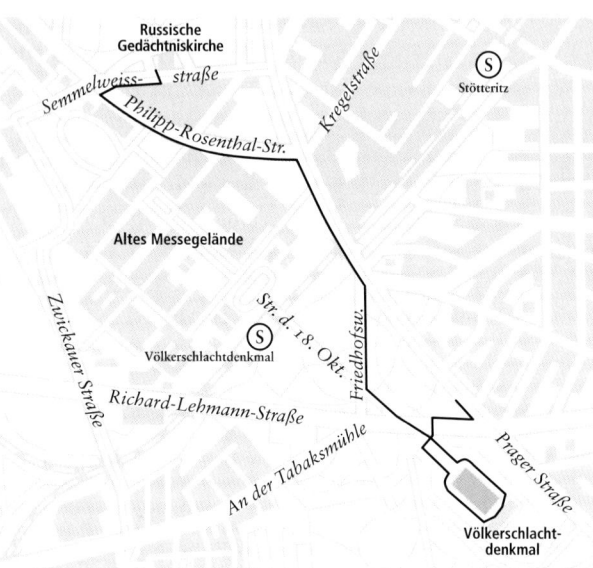

»Ich schreibe dir am Morgen einer Schlacht,
wie sie in der Weltgeschichte kaum gefochten ist«

Völkerschlachtdenkmal
und Russische Gedächtniskirche

Dieser Spaziergang führt uns aus dem Stadtzentrum heraus, um zwei Sehenswürdigkeiten zu besichtigen, die eng mit dem Namen Leipzig verbunden sind: das *Völkerschlachtdenkmal* und die *Russische Gedächtniskirche*. Sie liegen im Südosten der Stadt. Die Linie 15 der Straßenbahn Richtung Meusdorf bringt uns hinaus zum Denkmal. Wir steigen an der Haltestelle *Völkerschlachtdenkmal* aus, überqueren in Fahrtrichtung die Straße und wenden uns dann nach rechts. Schon stehen wir vor der Denkmalsanlage. Sie ist von Wällen eingefaßt. In der Senke liegt ein Wasserbassin, in dem sich das pyramidal aufragende Denkmal spiegelt. Übrigens, die beste Tageszeit für die Betrachtung des Denkmals ist nicht der Vormittag, denn dann steht die Sonne hinter dem gewaltigen Monument, sind Details in der Steinmasse kaum auszumachen. Steht die Sonne dagegen im Westen, tritt die Plastizität des Bauwerks deutlich und eindrucksvoll hervor.

Erich Loests Roman »Völkerschlachtdenkmal« haben wir mitgebracht. Er lädt den Leser zu einer Führung ein: »Ich möchte mit Ihnen die Stufen vom Becken hinaufsteigen. Der Michael, die Adler, die Köpfe der Pferde, die Schrift darüber: ›Gott mit uns‹, die Brüstung, und immer wieder von welcher Seite einer hinaufschaut, die Wächter mit dem Schwert und ihren bärtigen Gesichtern – da soll keiner sagen: häßlich, protzig, gigantomanisch. Ein Stück Geschichte steht da.« – Und zwar im doppelten Sinne: Es ist das Denkmal einer großen Schlacht im Oktober 1813, durch deren Ergebnis, den Sieg über Napoleon, der Weg für die Einigung Deutschlands Mitte des Jahrhunderts frei wurde. In dieser Schlacht blieb von den rund fünfhunderttausend beteiligten Soldaten und Offizieren aller Seiten etwa jeder Fünfte als Toter oder Schwerverwundeter zurück. Es war ein hoher Blutzoll. Deshalb ist dieses Denkmal ein Denkmal für die Toten. Das Bildprogramm von Christian Behrens, an dem uns Erich Loest soeben vorbeigeführt hat, zeigt Schreckgestalten des Krieges: den schwer gerüsteten hl. Michael, den »deutschen Kriegsgott«, mit dem Flammenschwert, die Kriegsfurien zu beiden Seiten, die sterbenden Pferde, die aufsteigenden Adler, die den schwer errungenen Sieg verkünden. Im Inneren dann die Krypta. Acht Masken sterbender Krieger umstehen den runden Raum, ihnen zur Seite halten je zwei Krieger ehrfurchtsvoll Wache. In der Ruhmeshalle im mittleren Teil des Denkmals hat Franz Metzner, der nach dem Tod von Behrens 1905 das bildkünstlerische Programm mit eigener Handschrift weiterführte, die Rippen, die die großen Rundbogenfenster durchziehen, mit kleinfigürlichen Gestalten besetzt, die die Leiden der Hinterbliebenen, der Mütter und Schwestern, zum Ausdruck bringen. Man muß genau hinschauen, um es wahrzunehmen, zumal vier Kolossalfiguren diesen Raum dominieren: Die fast zehn Meter hohen Figuren, drei Männer und eine Frau, symbolisieren Tapferkeit, Glaubensstärke, Volkeskraft (eine Mutter nährt an ihren Brüsten zwei Kinder) und Opferfreudigkeit.

Sinnen wir dem letzten Satz von Loest nach! Das Völkerschlachtdenkmal ist nicht allein Mahnmal einer großen Schlacht. Es hat inzwischen seine eigene Geschichte erlebt. Und mit der setzt sich der Leipziger Schriftsteller in seinem 1984 erstmals erschienenen Buch auseinander. Schon dem Vater des Ich-Erzählers, Felix Linden, der im

Steinbruch von Beucha arbeitete und dann die Granitblöcke ins entstehende Denkmal einfügte, ist der bombastische, nationalistische Rummel der Einweihungszeremonie von 1913 verdächtig. An dieser Stelle kann gleich die
Frage eingeschoben werden, warum erst hundert Jahre vergehen mußten, bis das Völkerschlachtdenkmal entstehen
und geweiht werden konnte? Hatte nicht ERNST MORITZ
ARNDT schon bald nach der Schlacht angeregt, »daß auf
den Feldern bei Leipzig ein Ehrenmal errichtet werden
muß, das dem spätesten Enkel noch sage, was daselbst im
Oktober des Jahres 1813 geschehen ... Das Denkmal muß
draußen stehen, wo so viel Blut floß; es muß so stehen,
daß es ringsum von allen Straßen gesehen werden kann,
auf welchen die verbündeten Heere zur blutigen Schlacht
der Entscheidung heranzogen. Soll es gesehen werden, so
muß es groß und herrlich sein, wie ein Koloß, eine Pyramide, ein Dom von Köln.« Nun, das Königreich Sachsen
hatte wenig Interesse daran, sich ein Denkmal seiner Mit-
Niederlage zu setzen (die Sachsen standen im französischen
Heer!). Nach der Reichseinigung Deutschlands änderte
sich der politisch-ideologische Rahmen, doch selbst dann
stand eine Finanzierung aus der Staatskasse nicht zur Debatte. So hat der Leipziger Architekt Clemens Thieme 1894
den »Deutschen Patrioten Bund zur Errichtung eines Völkerschlacht-Nationaldenkmals« gegründet und in einer
mühsamen Lotterie- und Sammelaktion, unterstützt von
Turnern und Schützen, die sechs Millionen Reichsmark
knapp zusammenbekommen, die zum Bau des Denkmals
nötig waren. Der im Denkmalsbau des ausgehenden Jahrhunderts erfahrene Architekt Bruno Schmitz wurde mit
der Ausführung beauftragt. In fünfzehn Jahren ist in technischer Hinsicht Erstaunliches geleistet worden. Der Denkmalskern besteht aus Stampfbeton, die sichtbaren Teile sind

hingegen Granitporphyr. Ein Teil der halbplastischen Figuren und Reliefs wurde aus diesem Stein herausgearbeitet.

Zurück zu Erich Loest. Die Einweihungsfeier am 18. Oktober 1913, an der neben dem deutschen Kaiser auch Vertreter der ehemals Verbündeten Preußens, also Rußlands, Österreichs und Schwedens, jedoch niemand von der einstigen gegnerischen Seite, teilnahmen, hat den Interpretationsstil des Denkmals bereits geprägt. Gewiß: Die Erbauer haben nicht die Monarchie glorifiziert wie bei anderen Denkmalen des Wilhelminismus. Doch ihre »mythisch beschworene deutsche Volksgemeinschaft« (Topfstedt), die ihren massehaften Ausdruck in den Kolossalfiguren der Ruhmeshalle findet, ließ es vor allem zu, daß in den nachfolgenden politischen Ordnungen das Denkmal in ein jeweiliges ideologisches Konzept eingebunden werden konnte, vor 1945 wie danach. Ironisch und bitter gestimmt, spielt der Ich-Erzähler Linden seine Rolle. In den letzten Tagen des Zweiten Weltkrieges baut er die »Festung Völkerschlachtdenkmal« auf Befehl eines fanatischen Ritterkreuzträgers der SS aus und kann seinen Leib sowie die verscharrten Zigaretten und Lebensmittel gerade noch rechtzeitig vor dem Zugriff der einrückenden Amerikaner retten. Nach dem Einmarsch der sowjetischen Armee macht er in ersten Führungen das Denkmal zu einem Symbol der deutsch-russischen Waffenbrüderschaft, wohlwollend unterstützt von den neuen Kulturfunktionären der sowjetisch besetzten Zone.

Wer Lust und Kraft hat, der möge von der Krypta aus dreihundertvierundsechzig Stufen bis zur Aussichtsplattform in einundneunzig Meter Höhe aufsteigen. (Es gibt auch Lifts!) Die zwölf Freiheitswächter, die die Kuppel umgeben, stehen unter uns. Ihre Aufgabe war es, den Frieden zu sichern. Jeder weiß, daß neun Monate nach Einweihung

Das Völkerschlachtdenkmal im Abendlicht

des Denkmals der Erste Weltkrieg ausbrach, auch von den imperialen Ansprüchen Deutschlands geschürt. – Von hier oben blicken wir über das ehemalige Schlachtfeld, in welche Richtung wir auch schauen. Aus den einstigen Dörfern, in denen der Kampf tobte, oft Mann gegen Mann, sind inzwischen dichtbesiedelte Stadtteile und Orte geworden: Liebertwolkwitz, Probstheida und Connewitz im Süden, Paunsdorf im Osten, Schönefeld im Nordosten (die Schönefelder Kirche, in der Robert und Clara Schumann 1840 heirateten, ist erst 1820 wiederaufgebaut worden), Möckern und Wahren im Norden.

2013 ist wieder ein Jubiläumsjahr. Bis dahin soll ein umfassendes Sanierungsprogramm das Denkmal in einen touristisch attraktiven Zustand versetzen.

Unter uns, südwestlich, liegt der Südfriedhof, ein Parkfriedhof, der 1886 eingeweiht wurde. Der älteste Tote auf diesem Friedhof ist zweifellos Christian Fürchtegott Gellert. Er wurde 1968, knapp zweihundert Jahre nach seinem Tod, hierher umgebettet. Nicht wenige seiner Universitätskollegen aus nachfolgenden Epochen haben gleichfalls hier ihre letzte Ruhestätte gefunden: Wilhelm Wundt, Theodor Frings und die bekannten Ethnologen Julius und Eva Lips. Daneben finden wir die Thomaskantoren Karl Straube, Günter Ramin und Erhard Mauersberger, die Gewandhauskapellmeister Carl Reinecke und Arthur Nikisch, auch Verlegernamen tauchen auf wie Herrmann Julius Meyer, Fritz Baedeker oder Oskar von Hase, der Mitinhaber von Breitkopf und Härtel war. Alle bekannten Bildhauer dieser Zeit haben Grabmale für diesen Friedhof geschaffen: Max Klinger, Carl Seffner, Joseph Magr, Adolf Lehnert, Johannes Hartmann, Christian Behrens.

Wir verlassen das Völkerschlachtdenkmal, gehen wieder am Wasserbecken entlang und befragen dabei einige Zeitgenossen der Völkerschlacht, die sich in Briefen und Tagebüchern geäußert haben. Neidhardt von Gneisenau, den wir in der Kapitelüberschrift zitierten, war ein unmittelbar Beteiligter. Er stand als Generalquartiermeister neben Blücher in der Schlesischen Armee, die dynamischste von allen Heeresteilen der Verbündeten. In einem Brief an seine Frau vom 18. Oktober aus Wetterwitz (womit Wiederitzsch gemeint ist) heißt es: »Ich schreibe dir am Morgen einer Schlacht, wie sie in der Weltgeschichte kaum gefochten ist. Wir haben den französischen Kaiser ganz umstellt. Diese Schlacht wird über das Schicksal von Europa entscheiden.« Das war der historische Weitblick eines Militärs!

Der Arzt und Maler Carl Gustav Carus wurde in Leipzig geboren, besuchte die Thomasschule und studierte an der Leipziger Universität Medizin. In seinen »Lebenserinnerungen und Denkwürdigkeiten« (1865) hat er die Ereignisse des Jahres 1813 als tiefen Einschnitt in sein Leben empfunden. Ihm wurde im Juni 1813 die Leitung eines französischen Militärhospitals im Pfaffendorf, zwischen der Stadt und dem Rosental gelegen, übertragen. Die Franzosen hielten bereits seit März Leipzig besetzt. In den Hospitälern grassierte der Typhus, vermutlich von französischen Soldaten aus Rußland eingeschleppt. Carus trat mit »Mut und höherem Vertrauen« dieser Gefährdung entgegen, entging jedoch nicht einer Infektion, die ihn seit Oktober wochenlang aufs Bett warf. Sein Haus lag am Ranstädter Steinweg, der Ausfallstraße aus der Stadt, die der wichtigste Rückzugsweg der geschlagenen französischen Armee war. »Die halb aufgelösten Regimenter drängten sich, untermischt mit Packwagen, Vieh, Munitionskarren und Geschütz, in vielfacher Verworrenheit und immer unter dem Rollen des Kanonendonners dahin ...« Hier wurde gegen Mittag des 19. Oktober die Elsterbrücke gesprengt. In den Fluten des Wassers ertrank der polnische Fürst Poniatowski, der sich in der französischen Armee besondere militärische Verdienste erworben hatte (ihm wurde am Poniatowskiplan, zwischen Elster- und Gottschedstraße, ein Denkmal errichtet). Carus sah Tage später den »stattlichen Leichnam ... bekleidet mit polnischer Generalsuniform« in einem Fischerkahn liegen. Das Hospital, das Carus geleitet hatte, war in Flammen aufgegangen. Im Frühjahr 1814 konnte sich Carus malend im Rosental von den Schrecken und Strapazen der vergangenen Monate erholen. Im selben Jahr nahm er eine ärztliche Position in Dresden an. Bald gehörte er zum Freundeskreis um Caspar David Friedrich. Das Leipziger Museum der bildenden Künste hat Gemälde von Carl Gustav Carus in seiner Sammlung.

Als dritten Augenzeugen führen wir FRIEDRICH ROCHLITZ an. Er war Schriftsteller und spielte eine bedeutende Rolle im Musikleben der Stadt. Über dreißig Jahre bestand zwischen ihm und Goethe ein persönlicher Kontakt. Unter der Überschrift »Tage der Gefahr« hat Rochlitz in fingierten Briefen seine Beobachtungen, Nöte und Ängste im Herbst 1813 niedergeschrieben. Seine Wohnung lag an der Promenade gegenüber der Westvorstadt. Einquartierungen waren längst an der Tagesordnung, auch Gespräche mit den französischen Offizieren. Einer sagte zu seinem Gastgeber: »Jedes Land mit alle dem, was darin und was darauf ist, gehört denn doch dem Fürsten. Mithin Sachsen, mithin Leipzig, mithin auch Sie, mein Herr, mit dem, was Sie das Ihre nennen, Ihrem König. Bon! ... Nun ist Ihr König mit unserm Kaiser d'accord; mithin ... Sie haben einige Beschwerden für den Augenblick, das ist wahr«, fuhr er fort, »aber dafür wird Napoleon der Große Ihren

Russische Gedächtniskirche

König und sein Land schützen; Ihr König wird mit ihm triumphieren; Sie werden teilhaben an unserm Ruhm, Sie werden mit uns glücklich sein. Also Geduld, mein Herr! Eine kleine Geduld!« War das Bösartigkeit oder Irrtum? Rochlitz schrieb es nieder ohne sarkastischen Kommentar. Goethe, der die inzwischen gedruckten Aufzeichnungen seines Leipziger Freundes zu lesen bekam, lobte ihn 1822 mit den Worten: »(Ich) bewundere abermals die besondere Fügung, daß ein Mann von Ihrem Geist und Sinn, in Augenblicken wo uns die Sinne vergehen, das Übergewicht eines angeborenen und wohlgeübten Talents empfindet, zur Feder greift, das Unerträgliche in der Gegenwart zu schildern.«

Nun machen wir uns auf den Weg vom Völkerschlachtdenkmal zur *Russischen Gedächtniskirche*. Wir durchqueren den Wilhelm-Külz-Park, gehen über eine Bahnbrücke und gelangen zum Gelände der *Alten Messe*. Seit der Eröffnung der Neuen Messe im Norden der Stadt steht dieses Terrain zur Disposition. Hier wurde 1920 die Technische Messe eröffnet für jene Ausstellungsgüter, die in kein innerstädtisches Messehaus gepaßt hätten. Wir biegen in die Philipp-Rosenthal-Straße ein, als wollten wir erneut zur Deutschen Nationalbibliothek gehen. Ein Stück weiter, rechts nach den Universitätskliniken, kreuzt die Semmelweisstraße, und dort steht, rechter Hand, die große Kirche mit der goldenen Kuppel auf dem weißen Zeltdach. Das russische Kreuz und die russischen Doppeladler kennzeichnen das Gotteshaus als ein Stück fremder Kultur in dieser Stadt. Die russisch-orthodoxe Kirche wurde am 17. Oktober 1913 geweiht, um die zweiundzwanzigtausend Soldaten und Offiziere zu ehren, die der Vielvölkerstaat Rußland in der Leipziger Schlacht verloren hatte. Tafeln in deutscher und kyrillischer Schrift neben der Tür der Unterkirche teilen die Verluste mit, auch die der Preußen, Österreicher und Schweden. An der Rückseite der Kirche ist der Zugang zu einer Krypta, die die Särge von drei russischen Offizieren und einem unbekannten Soldaten aufbewahrt. Die Oberkirche ist für Besucher zugänglich. Die Kirche ist Ehrenmal und Gotteshaus für eine ständige Gemeinde, die hier ihren sonntäglichen Gottesdienst und die Feste des Kirchenjahres feiert. Nach Betreten des Kirchenraumes schaut man auf eine achtzehn Meter hohe kostbare Ikonenwand, in deren unterer Reihe neben Jesus Christus und der Gottesmutter von Smolensk auch der heilige Alexis dargestellt ist, dem diese Kirche geweiht wurde. Als Zeugen des russischen Befreiungskrieges von 1812/13 stehen im Kirchenraum zwei Standarten mit den heiligen Streitern Georg und Michael, die schon bei den Feldgottesdiensten aufgestellt wurden. Die Kirche hat der russische Architekt Wladimir Alexandrowitsch Pokrowski entworfen, die Bauausführung übernahmen hiesige Architekten, das Bauland stellte die Stadt zur Verfügung.

Theodor Fontane machte im Herbst 1841 mehrere Wanderungen in die Umgebung der Stadt. »Historischen Grund und Boden zu betreten, hatte zu jeder Zeit einen besonderen Zauber für mich. ... Die Schlachtfeldwanderungen im Oktober '41 waren wunderschöne Tage für mich. Daß die Freiheit noch nicht da war, machte mich weiter nicht tief unglücklich; ja vielleicht war es ein Glück für mich, ich hätte sonst nicht nach ihr rufen können.«

Damit sind wir am Ende unseres Spaziergangs und kehren mit der Straßenbahnlinie 16 in die Innenstadt zurück.

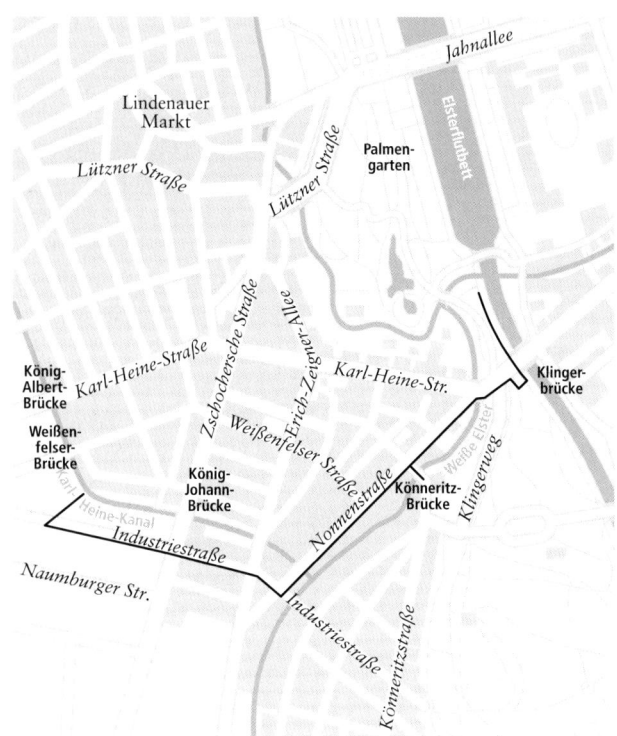

Zu unserem vorletzten Spaziergang treffen wir uns, aus der Käthe-Kollwitz-Straße kommend, auf der *Klinger-brücke*, die die Leipziger Innenstadt an dieser Stelle mit Plagwitz und den noch weiter westlich gelegenen Stadtteilen verbindet. Der breite Wasserarm unter uns, der aus den vereinigten Flüssen Weiße Elster und Pleiße entstanden ist, treibt dem Elsterwehr entgegen, das rechts von uns liegt. Kanuten der Sportvereine absolvieren hier ihr Training. Nach der Brücke steht auf der linken Seite in einer Grünanlage das Bronzedenkmal für KARL ERDMANN HEINE. Der in Leipzig geborene Jurist und Volkswirt kaufte Mitte des 19. Jahrhunderts in dem ehemaligen Dorf Plagwitz Grundflächen auf, ließ feuchte Areale in der Umgebung der Weißen Elster trockenlegen und begann mit Erschließungsarbeiten durch Straßenbau, Gleisanschlüsse und ein Kanalprojekt, durch das die Weiße Elster mit der Saale zu einem Schiffahrtsweg verbunden werden sollte. Damit waren die wichtigsten Voraussetzungen für eine Industrialisierung der erweiterten Ortslage Plagwitz getroffen. Heine gewann zunächst den Konstrukteur von Landmaschinen Rudolf Sack für eine Ansiedlung, und es entstand einer der größten industriellen Komplexe in Leipzig. Andere Unternehmer aus der Textilbranche, der Metallurgie und des Maschinenbaus folgten, so die Gebrüder Brehmer mit der Produktion von Buchbindereimaschinen. Bis 1989 arbeiteten in Plagwitz vierzig Großbetriebe neben zahlreichen Kleinunternehmen. Ein enges Nebeneinander von Arbeit und Wohnen war für viele Straßenzüge in Plagwitz charakteristisch. Außer den tristen Arbeitsquartieren gab es auch noble Gegenden mit Unternehmervillen, die zum Beispiel die Karl-Heine-Straße in ihrem zentrumsnahen Teil säumen. Die hohe Dichte der industriellen Produktion in der Vergangenheit hat mit der Wende von 1989/90 zu einer enormen Arbeitslosigkeit in diesem Stadtteil geführt. Die sichtbaren Folgen sind Industriebrache, Verfall, Teilabriß, aber auch Sanierung und Umnutzung im großen Stil. Unser etwas längerer Spaziergang ist weniger literarisch ausgelegt, aber von kulturhistorischer Relevanz.

Zunächst wenden wir uns dem großen Leipziger Künstler Max Klinger zu. Gleich nach der Brücke führt rechts ein schmaler Weg in die Parkanlage hinein, die seit 1916 *Klingerhain* heißt. Hier im Klingerhain steht ein fast drei Meter hoher, bearbeiteter Stein aus Laaser Marmor, gedacht als Postament für eine Wagner-Figur, für die Klinger 1904 den Auftrag erhielt. Das Denkmal sollte am Promenadenring in der Innenstadt aufgestellt werden. Zur Ausführung ist es nicht gekommen. Auf der Vorderseite des Sockels versinnbildlichen drei weibliche Figuren das Wagnersche Gesamtkunstwerk, bestehend aus Musik, Dichtung und Schauspiel. Zwei andere Seiten zeigen Bühnenfiguren aus Wagneropern. Wir kehren zur Straße zurück. Die nächste Brücke führt über einen Seitenarm der Weißen Elster. Hier beginnt die *Karl-Heine-Straße*, und gleich rechts steht Klingers Elternhaus. Ein Südtiroler Bauunternehmer, Sammler Klingers und Mäzen unserer Tage, will das inzwischen marode Haus erwerben und damit erhalten. Klinger ließ sich unweit seiner Eltern ein eigenes Haus mit Atelier bauen, es wurde leider im Krieg zerstört. In diesem Atelier entstand der »Beethoven«. Klingers innige Beziehung zur Musik brachte ihn in Kontakt mit Musikern und Komponisten seiner Zeit. Seit frühester Jugend kannte er die Musik von Johannes Brahms. Zur ersten persönlichen Begegnung kam es 1886 in Leipzig. Ihm widmete er seinen graphischen Zyklus »Brahmsphantasie«. Nach Brahms' Tod schuf er ein Denkmal für die Hamburger Musikhalle. Auch mit dem Leipziger Kirchenmusiker Max Reger entwickelte sich eine Künstlerfreundschaft. Richard Strauß und Eugen d'Albert waren Gäste des Hauses und musizierten auf den Soireen. Unter den Schriftstellern fühlten sich besonders Gerhart Hauptmann und Richard Dehmel von Klinger angezogen. Der Lyriker widmete dem bildenden Künstler seine Sammlung »Lebensblätter«. Mit folgenden Zeilen grüßte er den verehrten Meister:

> Heldentum und Heiligtum,
> Kampf und Liebe aller Sphären
> aus einander zu erklären,
> in einander zu verklären,
> war Dein Ziel und ist Dein Ruhm.

Der Verleger Georg Hirzel, Enkel des schon erwähnten Salomon Hirzel, unterstützte Klinger beim Erwerb und der Einrichtung der Villa Romana in Florenz, die als Atelierhaus von jungen bildenden Künstlern genutzt werden sollte. Max Beckmann, Käthe Kollwitz, Georg Kolbe, Horst Antes, Georg Baselitz und Markus Lüpertz haben sich in der Villa Romana aufgehalten.

Wir verlassen die Karl-Heine-Straße, wechseln auf die andere Seite, wo die *Nonnenstraße* abzweigt. Ein großer Ginkgobaum begrüßt uns. Wir erreichen bald die Kreuzung Ernst-Mey-Straße und gehen links auf die eiserne Könneritzbrücke zu. Sie überspannt den schon erwähnten Nebenarm der Weißen Elster. In die alte Fabrikanlage rechts aus dunkelroten Klinkersteinen von Mey und Edlich, dem ersten deutschen Versandhaus, sind Lofts gebaut worden.

Weiße Elster in Plagwitz

Vom Balkon aus blickt man aufs Wasser. Gerade legt vom italienischen Restaurant »Da Vito« eine Gondel ab, ein echt italienischer Gondoliere mit rundem Strohhut stakt ein Pärchen dem Flußlauf entgegen. Am Ende der Brücke links leuchtet mit hellem Anstrich die sanierte ehemalige Villa von Karl Heine, ein Einzelgebäude im Stil des Historismus.

Wir kehren zurück und setzen unseren Weg in der Nonnenstraße fort. Rechts in der Nummer 38 wird ein Stück Tradition der einstigen Buchstadt Leipzig bewahrt: *Werkstätten und Museum für Druckkunst Leipzig* steht auf der Fahne, die am Mast weht. Deutschlands einziges Druckkunst-Museum. Der Münchner Satz- und Druckexperte Eckehart SchumacherGebler hat seine Sammlung an Blei- und Holzlettern, an Stahlstempeln und Matrizen, an Druck-, Setz- und Gießmaschinen mit der Sammlung der bekannten Leipziger Offizin Haag-Drugulin unter einem Dach vereint. Und alles funktioniert noch. Das ist für erwachsene Besucher interessant, mehr noch für Schüler, die am Ende eines Kurses ihre Gedichte selbst setzen und drucken können. Wir sind wieder auf der Straße. Nun wird die Nonnenstraße wie zur Schlucht. Rechts und links erheben sich Industriepaläste, wie man sie sonst nirgends in Leipzig sieht. Die ehemalige sächsische Wollgarnfabrik von Tittel und Krüger ließ ab 1870 auf der linken Seite der Nonnenstraße diese gewaltigen Produktionsstätten aus Klinkersteinen errichten, durch Aufsätze und hohe Türme die architektonische Wirkung noch akzentuierend. Zu DDR-Zeiten wurden daraus die volkseigenen Buntgarnwerke. Die Wende 1989/90 schmolz die Produktion ein. Doch für die Gebäuderiesen war nicht der Abriß vorgesehen, sondern eine Auffrischung ihrer farbigen Fassaden und die sinnvolle Umnutzung: Büros, Arztpraxen und eben

Lofts, analog zu den umgebauten Docklands in London oder in der Hamburger Speicherstadt. Wer zwei Wohnebenen und fabrikhallenhohe Fenster mag, zieht hier ein. Eine gemeinsame Bootsstation an der Weißen Elster steht den Bewohnern außerdem zur Verfügung. Neue Lebensqualitäten in Plagwitz!

Wir setzen den Weg fort, überschreiten eine kleine Brükke. Hier fließt der Karl-Heine-Kanal in die Weiße Elster. Auf der *Industriestraße* wenden wir uns über einen Kreisel nordwestwärts und steigen zur Zschocherschen Straße hoch. Zwischendurch fallen uns Häuser mit schwarzen Fensterhöhlen auf. Wohl wahr ist: die Vergangenheit kann nicht an allen Stellen repariert, sie muß auch getilgt werden. Unser Weg führt weiter durch die Industriestraße. Dort stoßen wir auf ein herausragendes Architekturdenkmal in gutem Zustand, die Konsum-Zentrale der 1884 in Plagwitz gegründeten Konsumgenossenschaft Leipzig eG. Das langgestreckte Gebäude wurde von 1929 bis 1933 gebaut, entworfen von dem Architekten Fritz Höger, der durch sein Chilehaus in Hamburg bekannt geworden war. Die horizontale Anordnung der Fensterbänder mit ihren konvexen »Schüsselglas«-Scheiben bestimmt die Fassade. Wir wenden uns nach rechts. Da wurde auf einem beräumten Fabrikgelände ein Stadtteilpark mit jungem Grün angelegt. Das Bahngleis, das zum einstigen kleinen Verladebahnhof führte, blieb liegen. Es wird bald zugewachsen sein, doch vorerst manifestiert die gegenständliche Erinnerung den Umbruch, die Veränderung. Dann steigen wir zum *Karl-Heine-Kanal* hinab. Der Leipziger »Canale Grande« wurde bereits Mitte der 90er Jahre rekultiviert und dadurch die Wasserqualität verbessert. Auf der einstigen Kloake schwimmen heute Seerosen. Direkt am Kanalufer und teilweise über dem Wasser, durch zahlreiche Betonsäulen abgestützt, liegt das »Stelzenhaus«, ein ehemaliger Industriebetrieb der Metallurgie, nun umfunktioniert in ein Restaurant und ein großes Architektenbüro. Man blickt vom Lokal auf den Kanal und auf den Rad- und Wanderweg, der am Nordufer angelegt wurde. Drei Kilometer ist der Weg lang, der über Rampen Anschluß an verschiedene Straßen hat, so daß man beliebig aus dem geschäftigen Treiben der Plagwitzer Viertel in den Erholungsbereich wechseln kann und umgekehrt. Die Kanalidee von Heine ist zwar bis heute nicht verwirklicht worden, doch der Industriepionier würde sich über die zahlreichen Paddler, Radfahrer, Jogger und Fußgänger freuen, die sich hin und her bewegen.

Über die Gießerstraße gelangen wir wieder auf die Karl-Heine-Straße, biegen nach links ab und verfolgen diese Straße weiter stadtauswärts, unterqueren die Bahnlinie und halten uns scharf links. Da sind wir in der *Spinnereistraße*. So weit das Auge reicht, ein riesiger Industriekomplex, die einstige Leipziger Bauwollspinnerei, in der zu DDR-Zeiten gut viertausend Menschen arbeiteten. Große, mehrfach gestaffelte Fabrikhallen, die noch ihre Hallennummern tragen, Rampen, Transportanlagen, die den Haupthof wie Klammern zusammenhalten, diffuses Licht … Abriß oder Umnutzung? Dort hatten vor Jahren schon einzelne junge Künstler ihre Ateliers zu bezahlbaren Mieten eingerichtet, inzwischen sind mehrere Galerien aus der Innenstadt in diese weitläufige Anlage umgezogen, bestehen nebeneinander, ohne sich zu bedrängen. Dieser Umzugsprozeß hat Sogwirkung, und er bildet eine neue Qualität von Urbanität aus, die dem geschundenen Stadtteil guttut.

Wir haben einen weiten Bogen gespannt von Max Klinger in der Karl-Heine-Straße bis Neo Rauch und ande-

Spinnerei

ren zeitgenössischen Künstlern in der Spinnereistraße. Das vielgestaltige Plagwitz lohnt den Besuch.

Die Rückkehr in die Innenstadt erfolgt am besten wieder über die Karl-Heine-Straße, mehrere Straßenbahnlinien können genutzt werden.

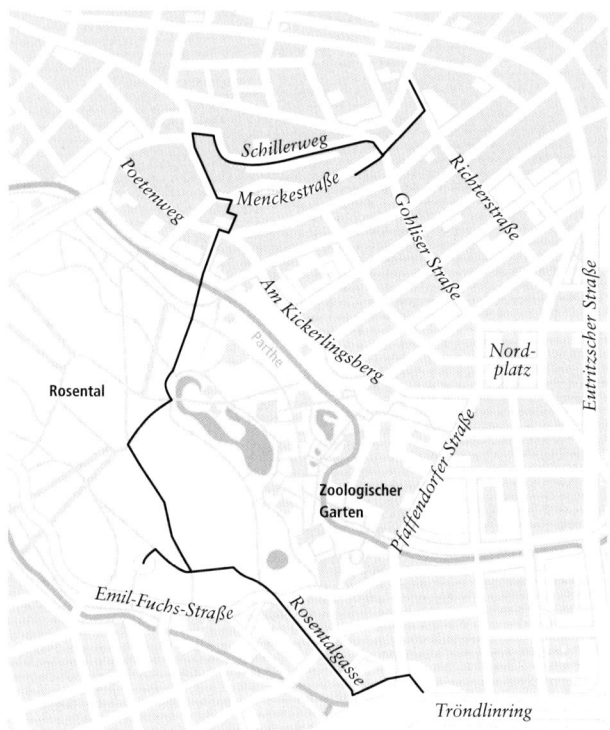

Durchs Rosental nach Gohlis

U m nach Gohlis zu gelangen, wäre es töricht, die Stra-ßenbahn zu nehmen, die bleibt uns immer noch für den Rückweg zur Stadt.

Lebten wir im ausgehenden 18. Jahrhundert, dann hät-ten wir die Möglichkeit, uns am Hallischen Tor (wie der anonyme Dichter) eine Kutsche zu mieten:

> Auf, lustig ihr Herren! Zur Stadt hinaus!
> Hinaus, wo Genüsse euch winken!
> In Gohlis, in Eutritzsch ist Kirmesschmaus,
> Da könnt ihr die Sorgen vertrinken.
> …
> Am Tore schon rufen die Kutscher euch zu:
> ›Ihr Herren, beliebt es zu fahren?
> Frisch eingestiegen! Um Strümpfe und Schuh
> Vor Nässe und Kot zu bewahren!‹
> Doch sieht man, so dringend der Kutscher auch fleht,
> Noch manchen, der ehrbar zu Fuße geht.

Und so halten auch wir es.

Das *Rosental* beginnt nordwestlich der Innenstadt. Vom Hotel Fürstenhof aus wenden wir uns nach Westen, ge-hen am Naturkundemuseum vorbei und blicken auf eine alleinstehende »italienische Villa« (1870), deren Gesicht dem Kreuzungsbereich und dem hier beginnenden Ran-städter Steinweg zugewandt ist. Links neben dem Gebäude schauen wir in einen gemauerten Wassergraben. Hier tref-fen sich der Elstermühlgraben, nach jahrzehntelanger Ver-bannung in den Untergrund nun wieder offen, mit dem

Pleißemühlgraben. Im 18. Jahrhundert floß das Pleißewasser eigenständig weiter, und zwar hinter der von uns aus gesehen rechten Häuserzeile der Rosentalgasse. Deshalb konnte man damals in einen Kahn steigen und sich durchs Rosental bis nach Gohlis fahren lassen.

Friedrich Wilhelm Zachariä, aus dessen Dichtung »Der Renommist« wir bereits zitiert hatten, pries dieses Vergnügen:

Hier sieht auf ihrer Flut die Pleiße Gondeln gehen,
Die unter Spiel und Scherz und blasendem Getön
Von dem beschilften Rand auf Gohlis freudig eilen,
Wo den Geschmack Musik und Tanz und Kuchen teilen.

Zurück zum Ausgangspunkt. Wir treten in die enge und krumme Rosentalgasse ein. Die Fülle an historischer Bausubstanz in dieser Gasse sucht ihresgleichen in anderen Vorstädten. Besonders die Gebäude an der linken Seite aus den 50er Jahren des 19. Jahrhunderts machen nach ihrer Sanierung wieder auf sich aufmerksam. Gegenüber, die Nummer 6, ein Haus aus der Zeit des Spätklassizismus. Hier hat Gustav Freytag seinen Roman »Die verlorene Handschrift«, erschienen 1864, angesiedelt.

Wir überqueren die Humboldtstraße. Die Gasse weitet sich. Unser Blick ist auf die Rosentalsäule gerichtet, die mitten auf der Straße steht. Diese hohe Stange auf einem klassizistischen Steinsockel ist rechts und links von einem Gitter flankiert, das noch heute eine Abgrenzung markiert. Sie erinnert an das Rosentaltor, eines der ehemaligen äußeren Stadttore, durch die der Städter in die freie Natur trat. Wir haben kein Tor mehr zu passieren, aber eine vielbefahrene Straße, die Emil-Fuchs-Straße (benannt nach dem Religionssoziologen und Theologen, der seit 1949 in Leipzig lehrte), bevor wir unter Bäume kommen. Der Name »Rosental« überrascht den Ortsfremden, der weder eine Geländesenke wahrnimmt, noch Rosen. Das Bild der Rose steht für eine »lustige, anmutige Niederung« (Wustmann), für ein stets beliebt gewesenes stadtnahes Park- und Waldgebiet. Die etwa siebzig Hektar große grüne Oase ist Teil der Leipziger Auelandschaft, von der das Rosental allerdings durch Besiedlung, Verkehrswege und den Elsterflutkanal getrennt ist. Der Biotop des Auewalds ist durch jährliche Überschwemmungen der Flüsse Pleiße, Elster und Luppe, und dies noch bis Anfang des letzten Jahrhunderts, hervorgebracht worden. Stieleichen, Eschen, Feldulmen, Bergahorn und Winterlinden bilden die obere Baumschicht. Weißdorn und Holunderbüsche begegnen uns in Augenhöhe. Die Kräuter machen den Jahreszeitwechsel besonders sicht- und riechbar. Kaum daß der Schnee versickert ist, breiten die Frühlingsblüher ihre weißen, gelben und grünen Teppiche aus: Märzenbecher, Waldgoldsterne, Schlüsselblumen. Und dann blüht mit intensivem Geruch der Bärlauch.

Bis 1663 war dieser Wald landesherrliches Eigentum, dann gab ihn Kurfürst Johann Georg II. in Zahlung, da er bei der Stadt Leipzig erhebliche Schulden hatte. Später focht August der Starke diesen Kaufvertrag an, da es ihn reizte, dort ein Lustschloß bauen zu lassen. Doch der Rat der Stadt wies diese Wünsche nachdrücklich zurück, wobei das stichhaltigste Argument die Mückenplage war. August begnügte sich damit, dreizehn Schneisen von einem zentralen Punkt aus durch den Wald schlagen zu lassen, um wenigstens die Aussichten in die verschiedenen Himmelsrichtungen zu genießen. Mehrere Schneisen sind wieder zugewachsen. Doch durch eine erblicken wir ein wenig später den Turm des Gohliser Schlösschens, ein Ziel unseres Spaziergangs. Aber gemach. Vorerst wollen wir die Große Wiese mit ihren alten knochigen Bäumen und ihren Baumgruppen auf uns wirken lassen. Mit behutsamen Eingriffen in die Natur war um 1835 ein Landschaftspark im englischen Stil geschaffen worden. Wege wurden angelegt, nicht nur hier, sondern auch im hinteren, dichter bewachsenen Teil des Rosentals, jenseits der Waldstraße.

Denkmale passen natürlich gut in einen solchen Landschaftspark. Das erste, das in der Nähe des Teiches stand, war dem verehrten Christian Fürchtegott Gellert gewidmet. Er hatte als einziger die Erlaubnis des Rates erhalten, täglich im Rosental zu reiten, um seine schwache Gesundheit zu stärken. Das Denkmal, 1865, knapp hundert Jahre nach seinem Tod, errichtet, hat nicht überlebt. Es zerfiel und wurde 1959 ersatzlos abgetragen. Dem Liederkomponisten Carl Friedrich Zöllner setzte ein Verein 1868 ein Denkmal. Der »Vater des Männergesangs« hat unter anderem »Das Wandern ist des Müllers Lust« vertont. Er ist in Leipzig gestorben. Den hohen Sockel von Zöllners Büste umstehen vier singende Knaben, vermutlich Thomaner, denn er war selbst einer. Dieses Denkmal befindet sich dort, wo wir gerade die Straße hinter uns gelassen haben. Der Zöllnerweg setzt die Emil-Fuchs-Straße nach Westen fort. In diese Richtung laufen auch wir, um nach ungefähr zweihundert Metern auf einen Spielplatz zu stoßen, der wegen seiner großen originellen Tierfiguren aus Holz immer gut besucht ist. Er ist als erster Spielplatz der Stadt bereits 1870 angelegt worden. Dies könnte der Grund sein, warum hier 1925 ein Denkmal für die Frauenrechtlerin Louise Otto-Peters aufgestellt wurde, das der Bildhauer Adolf Lehnert schon 1900 für den Johannisfriedhof geschaffen hatte und das dort wegen des Baus des Grassimuseums keinen Platz mehr hatte. Die Geehrte war Journalistin und Schriftstellerin und gründete zusammen mit Henriette Goldschmidt und anderen selbstbewußten Frauen den Allgemeinen Deutschen Frauenverein in Leipzig. Sie stand in engem Kontakt mit Robert Blum und forderte in dessen Publikationsorganen die Teilnahme der Frauen an den gesellschaftlichen Prozessen.

Nun gehen wir über die *Große Wiese*. Im Nordosten ragt der Zoologische Garten ins Rosental hinein. Wir blicken in die Afrika-Savanne und verfolgen amüsiert die Bewegungen der Giraffen, die manchmal gemächlich schlendernd, manchmal im gestreckten Galopp das Gelände durchmessen. Die Mitbewohner, Zebras und Säbelantilopen, halten vorsichtig Abstand zu diesen Langbeinern.

Wir bewegen uns langsam weiter in nördlicher Richtung und treten in die Waldschneise ein, die direkt zum Gohliser Schlösschen führt. Es ist der richtige Ort, um an einige der Philosophen und Dichter zu denken, denen ein Spaziergang durchs Gehölz zur Quelle ihrer Inspiration wurde: Leibniz, Schiller, Nietzsche ... Zitieren wir, auswählend, einige Erinnerungen:

PAUL FLEMING, der von 1628 bis 1633 in Leipzig studierte, verfaßte eine melancholische Abschiedsode mit den Versen:

> Grünet wohl, ihr bunten Matten,
> Seid, ihr Lüfte, seid geküßt,
> Rosental, du sehr gegrüßt,
> Sehr ihr Bäche, sehr ihr Schatten,
> Und du dreibeströmte Stadt,
> Die mich wohl bewirtet hat ...

Für den jungen Goethe war das Rosental neben Apels Garten oder den weiter entfernten Orten Connewitz und Raschwitz ein Ziel für Spaziergänge, auf denen er der Natur poetische Einfälle abzulauschen suchte, doch »in dem wirklich herrlichen Rosentale (ließen) zur besten Jahreszeit die Mücken keinen zarten Gedanken aufkommen«. Dafür schnitt er seinen Namen in die Rinde einer Linde. Später setzte er den Namen seiner Geliebten darüber. Mit dem aufsteigenden Saft des Baumes im Frühjahr bildeten sich in diesen Einschnitten Tropfen, die über seinen Namen rollten, als wären es Tränen der Geliebten über seine kränkenden Eifersüchteleien. Dies gewahr werdend, eilte er zu ihr, um sie um Verzeihung zu bitten.

Johann Gottfried Seume, von dessen späteren Leipziger Aufenthalten schon die Rede war, besuchte gern den Wald im Rosental. Eines Tages wurde der Naturfreund Zeuge eines Holzeinschlags und schrieb:

Herzlose Männer zerstören den Hain mit wütender
                              Mordaxt,
Und der Schlag hallt von der Entheiligung
                              weit in die Flur fort;
Meine Geliebtesten fallen, die Starken, die Helden
                              des Tales,
Denen das rauschende Laub noch gestern ums männliche
                              Haupt klang.
Haben die Männer des Lindenhains denn Seelen
                              von Eisen?

Auch der Leipziger Lyriker Georg Maurer ging häufig im Rosental spazieren. Dabei entstand 1950/51 die Gedichtsammlung »Dreistrophenkalender«, zu der der Autor schrieb: »Alles, was darin an Bäumen, Sträuchern, Blumen,

Wasser, Fröschen und Vögeln vorkommt, verdanke ich diesen Anlagen … In meiner Hochstimmung stank mir die Pleiße gar nicht«:

Menschenwitze

Darf ich euch stören,
Bäume?
Wollt ihr
Menschenwitze hören?

Fast meint ich, ihr kennt Humor,
wenn gegen die Pappelstammsäule
neben der starren Eule
der Specht besessen rumort,

die Krähe kritisch spaziert
und der Wurm wie ein langes Dilettantenlied
unwissend und ungeniert
ihr entgegenzieht.

Wir verlassen den Wald, gehen über ein Brückchen und stehen in der Turmgutstraße. Vor uns strahlt das *Gohliser Schlösschen* in seiner ganzen Pracht. Wir überqueren den Poetenweg und treten in den Garten des barocken Anwesens ein. Mit beträchtlichem finanziellen Aufwand ist 1998 die umfassendste Instandsetzung und Sanierung abgeschlossen worden, die das Schlösschen in seiner zweihundertfünfzigjährigen Existenz erlebt hat.

Es war kein adliger Grundbesitzer, der sich hier in ländlicher Idylle ein Lustschloß bauen ließ, sondern ein reicher Leipziger Kaufmann und Ratsherr. Er nahm 1755 die Gelegenheit wahr, eine außergewöhnliche Sommerresidenz entstehen zu lassen. Aus der Horizontale des Hauptgebäudes tritt der Mittelteil als Pavillon hervor. Der Bedeutung der dahinter liegenden Räume, Gartensaal, Empfangssaal und Festsaal, entsprechen Höhe und Form der jeweils fünf Fenster. Am Gesims über dieser festlichen Fensterfassade ist eine große Rocaille angebracht, mit einer Vase geschmückt, dies kennzeichnet neben dem anderen Dekor den spätbarocken Stil des Gebäudes. Das Walmdach trägt einen hohen Uhrturm und eine Spitze mit Wetterfahne. Das alte Gohlis hatte keine Kirche, so wurde dieser Turm zum Orientierungspunkt für die Gemeinde. Die Fenstergitter des Festsaales tragen die Initialen C. R.; Caspar Richter, der Bauherr, handelte mit holländischen und englischen Seidenwaren, mit Wollstoffen und überseeischen Produkten. In jungen Jahren hatte er Bildungsreisen unternommen, die nicht allein dem Erwerb kaufmännischer Fähigkeiten dienten, sondern auch seinen Kunstgeschmack formten. Die Bauerngüter, auf denen er sein Palais errichten konnte, hatte seine dreiundzwanzigjährige Frau, damals schon Witwe, mit in die Ehe gebracht. Deshalb nannte man das Anwesen auch »Turmgut«. Als die Bauarbeiten 1756 abgeschlossen waren, mußte Caspar Richter auf eine angemessene Innenausgestaltung verzichten; seine finanziellen Mitverpflichtungen bei der Begleichung preußischer Zahlungsforderungen an die Stadt Leipzig während des Siebenjährigen Krieges waren zu hoch. Als Richter 1770 starb, gelangte das Schlösschen in den Besitz des Historikers und Staatsrechtlers Böhme, der die Witwe Richters heiratete. Es war jener Hofrat Böhme, mit dem Goethe 1765 sein Studienprogramm erörtert hatte. Böhme beauftragte Adam Friedrich Oeser mit der malerischen Ausgestaltung des Festsaales im Obergeschoß. Daß wir Oeser hier wiederfinden, ist nicht überraschend. Neben seiner Tätigkeit als Akademiedirektor übernahm er zahlreiche Aufträge von Kaufleuten und Buchhändlern. Zeugnisse davon sind im Zweiten Weltkrieg nahezu völlig verlorengegangen, um so erfreulicher, daß die Bemalung dieses Festsaals hier originalgetreu wiederhergestellt werden konnte. Wir wollen nicht versäumen, ihn zu besichtigen. Oeser stellte die enge Verbindung von Mensch und Natur, ein Epochegefühl, in diesem Raum her, indem er auf illusionistische Weise die Natur ins Innere holte. An die den Fenstern gegenüberliegende Wand malte er zwei große Ausblicke in eine gedachte Landschaft. Die Wände gliederte er durch gemalte Pilaster mit ionischen Kapitellen. Dem gewölbten Wandabschluß setzte er eine umlaufende Balustrade auf, die den Eindruck erweckt, als blicke man ins Freie, in den Himmel hinein. Das Deckengemälde ist Oesers Hauptstück in diesem Festsaal. Es ist, wie andere Dekorationen Oesers auch, eine Allegorie. Ihrem Thema, »Der Lebensweg der Psyche«, liegt eine freimaurerische Maxime zugrunde: Psyche soll befähigt werden, auf dem Wege der Erkenntnis Weisheit und Glück zu erfahren. (Oeser wurde in dieser Zeit, 1776, in die Leipziger Loge »Balduin zur Linde« aufgenommen.) Herkules und Apoll, Tugend und Vernunft, begleiten Psyche auf ihrem Weg. Musen und Genien bevölkern den Himmel. Auch dem Landesherrn wird mit einem Bildnis gehuldigt.

Blicken wir vom Saal aus in den Garten hinunter, durch den wir auf das Gebäude zugeschritten sind, dann sehen wir rechts eine Statue und links ein Denkmal. Beide Steinmale hat Oeser entworfen, allerdings für andere Standorte. Der fürstliche Herr im Kostüm eines römischen Imperators war ein Auftragswerk des polnischen Fürsten Jablonowski, es stellt den dreißigjährigen sächsischen Kurfürsten Friedrich August III. und nachmaligen ersten säch-

Gohliser Schlösschen, Gartenseite

sischen König (ab 1806) dar. Enthüllt wurde es 1780 auf dem späteren Königsplatz (dem heutigen Wilhelm-Leuschner-Platz). In den 30er Jahren des 20. Jahrhunderts wurde der Königsplatz umgestaltet und das Denkmal in den Garten des Gohliser Schlösschens gestellt; damals eine Verlegenheitslösung. Der Gedenkstein für den Dichter Gellert und den Schweizer Kulturphilosophen Sulzer von 1781 wurde vom Verleger Philipp Erasmus Reich in Auftrag gegeben. Er bestellte diesen Stein bei Oeser für sein Gut in Sellerhausen, damals noch eine eigenständige Gemeinde, heute ein Stadtteil. Die Formsprache des Steins ist der des Gellert-Denkmals in der Innenstadt sehr ähnlich. Nach dem Tod von Reich überließ dessen Witwe das Denkmal dem Gohliser Schlösschen, dort steht es seit etwa 1800. Vom kühlen Marmor und der klassizistischen Strenge der Arbeiten Oesers unterscheiden sich die zwei Sandsteinfiguren in der Mitte des Gartens, Pomona und Vertumnus, Frau und Mann aus einer antiken Verführungs- und Verwandlungsgeschichte, augenfällig, obwohl sie nur zehn Jahre früher von dem Bildhauer Pierre Coudray angefertigt wurden. Auch sie sind nur zufällig in diese noble Umgebung geraten.

Nach dem Tod der beiden Böhmes übernahm der Bruder der verstorbenen Frau Hofrätin, Johann Hieronymus Hetzer, das Anwesen. In dieser Zeit ist Friedrich Schiller während seines Leipziger Aufenthalts 1785 Gast im »Musenhof am Rosental« gewesen. Es wurde geplaudert, gespielt und wohl auch gekegelt. In dem ereignisreichen Jahr 1813 wurde das Schlösschen als Hauptquartier von hohen Offizieren benutzt. Im März war es der französische Marschall Davoust und im April der russische General Baron von Winzingerode. Das Erdgeschoß diente als Lazarett. Im Oktober lagen das Schlösschen, Gohlis und das Rosental mitten in der Kampfzone zwischen Möckern und Leipzig.

Nach 1900 entstanden mehrgeschossige Wohnhäuser in der *Menckestraße* und gaben dem Barockbau einen neuen Hintergrund, einen kontrastiven, der den Wert des Gebäudes nur noch kostbarer für die Leipziger Stadtarchitektur erscheinen läßt. 1906 erwarb der Rat der Stadt das Gohliser Schlösschen und führte es später einer öffentlichen Nutzung zu. Das bot Mitte der 30er Jahre der NSDAP die Gelegenheit, das Schlösschen zu einem Schwerpunkt ihrer propagandistischen Kulturarbeit zu machen. Notwendige Sanierungsmaßnahmen wurden veranlaßt. Unter dem Titel »Haus der Kultur« öffnete sich 1935 das Schlösschen den »Volksgenossen«. Im Dezember 1943 war auch dieses Haus von Zerstörungen stark gefährdet, konnte jedoch gerettet und erhalten werden.

Nun hat ein Freundeskreis »Gohliser Schlösschen« e. V. die Verantwortung für das kulturelle Programm des Hauses übernommen, das vorwiegend Konzerte, auch Lesungen und Ausstellungen umfaßt. Überdies: ein Restaurant steht zu Diensten. Kaffeetrinken im Garten vor dieser herrlichen Kulisse, wäre das nicht der krönende Abschluß eines langen Spaziergangs durchs Rosental?

Wir verlassen das Gelände an der ehemaligen Dorfstraße. Sie ist hier platzartig erweitert. Es ist der alte Dorfanger, liegende Baumstämme grenzen eine ellipsenförmige Grasfläche gegen den Verkehr ab. Wir wenden uns in nordwestliche Richtung, wo die Dorfstraße, die seit 1900 *Menckestraße* heißt, eine auffällige Krümmung macht. Sieht man links den Schlösschenweg hinunter, dann bemerkt man den Höhenunterschied zwischen dem Poetenweg da unten und der Menckestraße hier oben. Nach wem ist die Menckestraße benannt? Mit dieser Namensgebung ehrte man eine Gelehrtenfamilie des 17. und 18. Jahrhunderts,

Schillerhaus

die vorwiegend Historiker und Juristen hervorgebracht hat. Otto Mencke gab seit 1682 in Leipzig die »Acta Eruditorum« heraus, die erste wissenschaftliche Zeitschrift, an der auch Leibniz und Christian Wolff mitarbeiteten. Johann Friedrich Gleditzsch druckte und vertrieb dieses Blatt, das etwa einhundert Jahre lang erschienen ist. Johann Burkhardt Mencke, der Sohn von Otto Mencke, führte die Herausgabe der Zeitschrift fort. Er hat Johann Christoph Gottsched aufgenommen und den jungen Poeten Johann Christian Günther gefördert.

Wir gehen die Menckestraße weiter hinunter und stehen unversehens rechts vor einem Bauernhaus mit großer Pforte, dem *Schillerhäuschen*. Daß dieses kurz nach 1700 erbaute Haus überhaupt noch existiert, verdanken wir zwei Männern, zuerst Christian Gottfried Körner, der Friedrich Schiller zu einem kostenfreien Aufenthalt nach Leipzig eingeladen hatte, und dann, Mitte des 19. Jahrhunderts, Robert Blum. Der Publizist und Theaterfreund forschte in Gohlis nach dem Haus, in dem Schiller von Mai bis September 1785 gelebt hatte. Am 11. November 1841 fand die erste Feier vor dem alten Bauernhaus statt, bei der die Gedenktafel angebracht wurde, auf der wir lesen: »Hier wohnte Schiller und schrieb das Lied an die Freude im Jahre 1785«. Ein Jahr später wurde ein Schiller-Verein gegründet, dem natürlich Blum bis 1847 vorstand. Ohne Blum und ohne die Sponsoren Hirzel, Brockhaus, Teubner und den Stuttgarter Cotta, die 1856 das baufällige Haus für den Schiller-Verein kauften, hätte Leipzig keine Schiller-Memorialstätte. Daß sich das Schillerhäuschen von 1717 heute mit neuem Dach und frischem Putz so auffällig von seiner prosaischen Umgebung abhebt, ist einer umfangreichen Restaurierung – bis zu den Balken – zu danken, die eine Wiedereröffnung im Herbst 1998 möglich machte.

Schiller wohnte im Obergeschoß. Er genoß vom Fenster aus den Blick über die Wiesen, die Felder und den Wald des Rosentals. Als man auf der Suche nach Schillers Bleibe war, lebte der alte Schneider noch, der als Kind den Dichter auf seinen frühmorgendlichen Spaziergängen durch die Felder begleiten mußte. Er gab bei seiner »Vernehmung« 1841 zu Protokoll: »Als zwölfjähriger Knabe habe ich in den achtziger Jahren den deutschen Dichter Schiller hier bedient. Er wohnte damals in dem meinem Vater zugehörigen Gute ... Schiller stand damals sehr frühzeitig auf, schon um 3 oder 4 Uhr, und pflegte dann in das Freie, weit hinaus in die Felder zu gehen. Dabei mußte ich ihm mit der Wasserflasche und dem Glase folgen. Um 5 oder 6 Uhr kehrte Schiller gewöhnlich nach Hause und theilte oft seine Ideen dem Buchhändler Göschen, der in demselben Hause wohnte, mit, worüber sich dann zuweilen Beide stritten ... Bei diesen frühen Spaziergängen war Schiller leicht angezogen, mit dem Schlafrocke bekleidet, mit unbedecktem Hals. Sein Weg führte ihn gewöhnlich in die Felder, nach der Halleschen Straße zu, in denen er kreuz und quer umherirrte. Den Tag über besuchte er das Rosental sehr fleißig. Schiller war stets freundlich und human, er sah blaß von Gesicht, hatte viele Sommersprossen, röthliches Haar und war sehr lang. Mit Göschen war er sehr genau befreundet.«

Wenn wir das Schillerhäuschen betreten, können wir im Göschenzimmer das Modell des Dorfes Gohlis von 1785 betrachten. Ob Schiller hier in Gohlis das »Lied an die Freude« verfaßt hat oder erst später in Dresden, wohin sein Freund Körner, inzwischen verheiratet, ihn ebenfalls einlud und wo die Geselligkeit ausgelassener gewesen sein soll, als dies in Gohlis möglich war, muß offenbleiben. Daß Körner und seine Freunde ihm diese uneigennützige

Freundschaft entgegengebracht haben, hat Friedrich Schiller von Anfang an sehr dankbar empfunden.

> Freude, schöner Götterfunken,
> Tochter aus Elysium,
> Wir betreten feuertrunken,
> Himmlische, dein Heiligtum ...

Schiller hatte den »Don Carlos« im Gepäck, als er in Leipzig eintraf. Die Beziehung zwischen Marquis von Posa und Don Carlos und die Verklärung ihrer Freundschaft hatte er allerdings bereits in Mannheim konzipiert. Schillers Gefühle in Leipzig standen zum Freundschaftspathos seiner Helden nicht im Widerspruch. Vollendet wurde das Stück erst in Dresden; erschienen ist es im Juli 1787 bei Göschen. Die Kontakte, die Schiller in der Stadt geknüpft hatte, wurden in Gohlis weitergepflegt, so der intensive Gedankenaustausch mit dem Schauspieler Johann Friedrich Reinecke, der ihn veranlaßte, den »Carlos« in eine Prosafassung umzusetzen, in der das Drama 1787 in Leipzig zum ersten Mal gespielt wurde.

Unser literarischer Spaziergang ist noch nicht zu Ende. Wir stehen wieder auf der Menckestraße, wenden uns nach rechts und biegen in den *Schillerweg* ein, wo uns noch ein Stück altes Gohlis begegnet. Die enge Straße, fast eine Gasse, ist von Häusern im Landhausstil aus der ersten Hälfte des 19. Jahrhunderts und von Gründerzeithäusern aus der Zeit nach 1870 gesäumt. Die meisten Gebäude sind freistehend und von einem Garten umgeben. Am Ausgang des Schillerwegs haben wir die neogotische *Friedenskirche* vor uns. Es war die erste Kirche für die Gemeinde Gohlis, sie wurde zum Reformationsfest 1873 geweiht.

Wir gehen über den Kirchplatz, die Ulrichstraße entlang

bis zur *Richterstraße* und wenden uns in ihr nach links. Vor einem Grundstück, das gänzlich zugewachsen ist, bleiben wir stehen. Es war die *Nummer 27*. Hier stand bis zur völligen Zerstörung 1945 die *Villa des Insel-Verlegers Anton Kippenberg*. 1909 hatten die Kippenbergs dieses Haus in Gohlis bezogen. Sie empfingen hier zahlreiche Schriftsteller, die aus ihren Manuskripten lasen oder mit dem Verlegerehepaar Editionen besprachen. Von den bekannteren Autoren des Verlags wie Hugo von Hofmannsthal, Stefan Zweig, Hans Carossa, Reinhold Schneider war es Rainer Maria Rilke, der am nachhaltigsten die Verlagsgeschichte des Insel-Verlags mitbestimmt hat. Er genoß mehrfach die Gastfreundschaft der Kippenbergs in ihrem Haus. Katharina Kippenberg erinnert sich: »Im Januar 1910 war es, daß Rilke mit den Niederschriften für seinen Malte Laurids Brigge im Koffer nach Leipzig kam, um ihn bei uns für das Druckmanuskript zu diktieren. Das geschah im sogenannten Turmzimmer, einem kleinen ruhig gelegenen Raum über den Baumwipfeln des Gartens, der recht behaglich mit alten Möbeln ausgestattet war. Auch einen alten Sekretär hatte er aus Kirschbaumholz, mit vielerlei hübsch angelegten Fächern und Kästen, der Rilke sehr entzückte. Wir nannten ihn bald den Malte-Laurids-Schreibtisch. ... Am 27. Januar aber war das Diktat fertig, und der Dichter brachte das nun nicht mehr gebrauchte Manuskript seiner ersten Leserin, wie er sagte, und als so groß wurde das Ereignis empfunden, daß der kostbare Mitbewohner von einem Strauß Rosen und Veilchen begleitet wurde.

Als Rilke uns das nächste Mal besuchte, sollten wir weltgeschichtliche Tage miteinander verleben. Ehe aber am 28. Juli 1914 der erste Schuß des Weltkrieges ... Europa aufschreckte, war es ein reiches Beisammensein gewesen. ... Dann kam der unvergeßliche Abend, schon von einer stark anwachsenden allgemeinen politischen Erregung durchbebt, an dem Rilke uns seine beiden ersten Duineser Elegien vorlas. Es war im Turmzimmer und spät am Abend, die Vorhänge waren zugezogen, die Kerzen brannten sanft, überall leuchteten Rosen in ihrem Licht. Was man aufnahm, war etwas nie Gehörtes, noch Unfaßliches; es war ein Ton, der die Luft wie mit einem feurigen Strahl durchschnitt. . . . Als es endete, war man bis in die Muskeln erschöpft, als hätte man schwere körperliche Arbeit getan. Den nächsten Tag schon wäre ein Lesen unmöglich gewesen. Der Brand brach aus in Österreich, die in Leipzig lebenden kriegspflichtigen Österreicher wurden heimberufen. . . . Doch sollten wir im Rosental, das wie ausgestorben dalag und in dem das Gras so seltsam gläsern starrte, noch ein Gespräch über die Elegien haben.«

Insbesondere Katharina Kippenbergs Verdienste um das Werk Rainer Maria Rilkes haben 1946 durch die Verleihung der Ehrendoktorwürde der Philosophischen Fakultät der Universität Leipzig und der Universität Marburg hohe Anerkennung erfahren.

Die Kippenbergs pflegten engen Kontakt zu Persönlichkeiten der Stadt, zu Gelehrten der Universität und zu Künstlern der Leipziger Musikszene. Die freundschaftlichen Beziehungen zu Thomaskantor Karl Straube waren schon erwähnt worden. Deshalb sangen die Thomaner zu verschiedenen persönlichen Anlässen des Verlegers im Garten der Villa. Die Villa war nicht allein ein gastliches Haus: In einem Erweiterungsbau, der 1937 entstand, konnte Kippenberg seine umfangreiche und kostbare Sammlung »Goethe und seine Welt« ausstellen: Autographen, Handzeichnungen, Erstdrucke, Büsten, Vertonungen. Kippenberg soll bis an sein Lebensende (1950) 25 000 Objekte zusammengetragen haben. Leipzig hätte neben Frankfurt am Main und Weimar tatsächlich zur dritten Goethe-Stadt in Deutschland werden können. Im Februar 1945 sank dieses Haus in Schutt und Asche. Kippenberg hatte seine Sammlung zuvor in Sicherheit gebracht. Sie wird, um einiges vermehrt, seit 1954 im Goethe-Museum Anton- und Katharina-Kippenberg-Stiftung Düsseldorf gezeigt.

Zum Abschluß dieses letzten Spaziergangs kehren wir in die *Gosenschenke* ein, die sich in der Menckestraße 5 befindet, ganz nahe am Kirchplatz. Dieses Lokal gibt es bereits seit hundert Jahren, mit Unterbrechungen. Hier wird vor allem Gose, ein obergäriges Bier, ausgeschenkt, ein säuerliches Getränk, das 1738 erstmals in Leipzig angeboten wurde. Goethe hat es auch probiert. Kippenberg auch. Der machte einen Schüttelreim darauf:

> Wie Gold im Glas die Gose gleißt,
> Als glüh und gär und glose Geist.

Wir sollten sie auch trinken, drin in der gemütlichen, biedermeierlich eingerichteten Gaststube oder draußen im Biergarten, wo man unter gewaltigen Kastanien sitzt. Daß sächsische Dialektpoeten der Gose ihre Aufmerksamkeit geschenkt haben, spricht für die Beliebtheit dieses Bieres in den 20er Jahren des vergangenen Jahrhunderts. ERWIN BORMANN dichtete:

> Wennste probst der Gose Saft,
> wappne dich mit Heldenkraft!
> Denn de weest nich, wärd dei Magen
> Ja und Amen dazu sagen.
> Drum bevor de rechte Hand
> Noch ums Stengelglas sich wand,

leg aus Vorsicht deine linke
uff de Stuwendhierenklinke!

Nach einigen Gläsern brauchen wir wirklich die Straßenbahn, um in die Innenstadt zurückzukommen. Würden
Sie, lieber Leser und Spaziergänger, am Ende dieses Aus-
flugs dem in der Kapitelüberschrift zitierten Volksmund
widersprechen wollen: »Wem's nicht wohl is', der geh'
nach Gohlis«?

Anhang

Quellennachweise

Hauptbahnhof – Nikolaikirche

Johnson, Uwe: Das dritte Buch über Achim. Frankfurt am Main (Suhrkamp) 1992, S. 49

Roth, Joseph: Wie ich Leipzig sah. In: Werke, Bd. 1: Das journalistische Werk 1915-1923. Herausgegeben von Klaus Westermann. © 1989 by Verlag Kiepenheuer & Witsch, Köln und Verlag Allert de Lange, Amsterdam, S. 870

Seume, Johann Gottfried: Werke und Briefe, Bd. 1: Mein Leben. Frankfurt am Main (Deutscher Klassiker Verlag) 1993, S. 54

Wagner, Richard: Mein Leben, Bd. 1. München (List) 1969, S. 29

Augustusplatz

Loest, Erich: Völkerschlachtdenkmal. Leipzig (Linden-Verlag) 1990, S. 255

Günther, Johann Christian: Günthers Werke in einem Band. Berlin und Weimar (Aufbau) 1982, S. 70

Goethe, Johann Wolfgang: Sämtliche Werke, Bd. 14: Dichtung und Wahrheit. Frankfurt am Main (Deutscher Klassiker Verlag) 1986, S. 270 u. 271

Rebmann, Georg Friedrich: Kreuzzüge durch einen Teil Deutschlands. Leipzig (Brockhaus) 1990, S. 83 u. 85 f.

Nietzsche, Friedrich: Autobiographisches aus den Jahren 1856 bis 1869. In: Friedrich Nietzsche, Werke in 3 Bänden. Hg. v. Karl Schlechta. Bd. 3. München (Hanser) 1977, S. 130

Hasenclever, Walter: Irrtum und Leidenschaft. Nachwort Kurt Pinthus. Berlin (Universitas Verlag) 1969, S. 58

Sternheim, Carl: Gesammelte Werke in sechs Bänden. Hg. v. Fritz Hofmann. Bd. 6: Vermischte Schriften. Berlin und Weimar (Aufbau) 1965, S. 512.

Mann, Thomas: Doktor Faustus. Berlin (Aufbau) 1961, S. 190

Kästner, Erich: In: Das große Erich Kästner Buch. Hg. v. Sylvia List. München Zürich (Piper) 1975, S. 41

Schwiedrzik, Wolfgang Matthias: Lieber will ich Steine klopfen. Der Philosoph und Pädagoge Theodor Litt in Leipzig 1933-1947. Leipzig (Universitätsverlag) 1997, S. 19 f.

Mayer, Hans: Ein Deutscher auf Widerruf. Frankfurt am Main (Suhrkamp) 1984, S. 111 f.

Bachmann, Ingeborg: Werke. Hg. v. Christine Koschel, Inge von Weidenbaum u. Clemens Münster. Bd. 4: Essays, Reden, Vermischte Schriften, Anhang. München Zürich (Piper) 1978, S. 338

Körner, Theodor: Theodor Körners Werke. Mit einem Vorwort von Hans Marquardt. Leipzig (Reclam) 1959, S. 55

Grimmaische Straße – Markt

Kafka, Franz: Tagebücher 1910-1923. Hg. v. Max Brod. Frankfurt am Main (Fischer) 1973, S. 408

Goethe, Johann Wolfgang: Sämtliche Werke, Bd. 14: Dichtung und Wahrheit. A. a. O., 1986, S. 268 f.

Goethe, Johann Wolfgang: Sämtliche Werke, Bd. 1: Gedichte 1756-1799. A. a. O., 1987, S. 66

Bierbaum, Otto Julius: Leipziger Erinnerungen. Gedruckt für den Leipziger Bibliophilen-Abend, Nr. 28. o. J.

Goethe, Johann Wolfgang: Goethes Briefe und Briefe an Goethe. Hamburger Ausgabe in 6 Bänden. München (C. H. Beck) 1988, S. 406

Gellert, Christian Fürchtegott: In: Leipzig in Geschichte und Bildern. Hg. von einer Kommission des Leipziger Lehrervereins. Leipzig 1912, S. 65 f.

Roth, Joseph: Betrachtungen in Leipzig. In: Werke, Bd. 3: Das journalistische Werk 1929-1939. Herausgegeben und mit einem Nachwort von Klaus Westermann. © 1991 by Verlag Kiepenheuer & Witsch, Köln und Verlag Allert de Lange, Amsterdam, S. 306

Thomaskirche – Klostergasse – Hainstraße – Brühl – Katharinenstraße

Carossa, Hans: Der Tag des jungen Arztes. Frankfurt am Main und Leipzig (Insel) 1992, S. 33

Kippenberg, Anton: Reden und Schriften. Wiesbaden (Insel) 1952, S. 73

Casanova, Giacomo: Geschichte meines Lebens. Bd. 10. Hg. v. Günter Albrecht. Leipzig und Weimar (Kiepenheuer) 1987, S. 231

Picanders ernst-scherzhafte und satirische Gedichte. 4. und letzter Teil. Leipzig 1737. In: Schneider, Wolfgang: Leipzig. Dokumente und Bilder zur Kulturgeschichte. Leipzig (Kiepenheuer) 1990, S. 192

Reimann, Hans: Mein blaues Wunder. München (Paul List) 1959, S. 172

Zachariä, Friedrich Wilhelm: Der Renommist. Leipzig (Insel) 1989, S. 35

Härtling, Peter: Schumanns Schatten. Köln (Kiepenheuer & Witsch) 1996, S. 187 f.

Pinthus, Kurt: Leipzig und der frühe Expressionismus. In: Expressionismus. Aufzeichnungen und Erinnerungen der Zeitgenossen. Hg. v. Paul Raabe. Olten und Freiburg i. B. (Walter-Verlag) 1965, S. 79

Bach, Johann Sebastian: Texte zu den Kantaten, Motetten, Messen, Passionen und Oratorien von Johann Sebastian Bach. Leipzig (Deutscher Verlag für Musik) 1986, S. 377 u. 379

Schiller, Friedrich: Brief an Körner vom 22. 2. 1785. In: Werke und Briefe, Bd. 11: Briefe 1772-1795. Frankfurt am Main (Deutscher Klassiker Verlag) 2002, S. 134

Fontane, Theodor: Von Zwanzig bis Dreißig. Autobiographisches. In: Sämtliche Werke, Bd. XV. München (Nymphenburger Verlagsbuchhandlung) 1967, S. 74

Fontane, Theodor: Balladen und Gedichte. In: Sämtliche Werke, Bd. XX. München (Hanser) 1962, S. 438 f.

Beyerlein, Franz Adam: Litterarische Gesellschaft in Leipzig. Leipzig (Walter Bielefeld) 1923, S. 108 f.

Pinthus, Kurt: Leipzig und der frühe Expressionismus. In: Expressionismus. A. a. O., S. 75

Kafka, Franz: Tagebücher 1910-1923. Hg. v. Max Brod. A. a. O., S. 407

Hoffmann, E.T.A.: Brief an Speyer vom 13. 7. 1813. In: Sämtliche Werke, Bd. 1: Werke 1794-1813. Frankfurt am Main (Deutscher Klassiker Verlag) 2003, S. 291

von Ziegler, Mariana: In: Hildebrandt, Irma: Provokation zum Tee. Leipziger Frauenporträts. München (Eugen Diederichs Verlag) 1998, S. 13

Schiller, Friedrich: Brief an Schwan vom 24. 4. 1785. In: Werke und Briefe, Bd. 11: Briefe 1772-1795. A. a. O., 2002, S. 144 f.

Moritzbastei – Neues Rathaus

Schiller-Denkmal. In: Leipziger Denkmale. Beucha (Sax Verlag) 1998, S. 65

Goethe, Johann Wolfgang: Sämtliche Werke, Bd. 14: Dichtung und Wahrheit. A. a. O., 1986, S. 338 f.

Goethe, Johann Wolfgang: Brief an Oeser vom 9. 11. 1768. In: Sämtliche Werke, Bd. 28: Der junge Goethe. A. a. O., 1997, S. 139

Goethe, Johann Wolfgang: Briefgedicht an Friederike Oeser vom 6. 11. 1768. In: Sämtliche Werke, Bd. 1: Gedichte. A. a. O., 1987, S. 42 ff.

Durchs Musikviertel

Lichtwark, Alfred: Briefe an die Kommission für die Verwaltung der Kunsthalle. Bd. 1. Hamburg (Westermann) 1923, S. 213

Roth, Joseph: Leipziger Prozeß gegen die Rathenau-Mörder. In: Werke, Bd. 1: Das journalistische Werk 1915-1923. Herausgegeben von Klaus Westermann. © 1989 by Verlag Kiepenheuer & Witsch, Köln und Verlag Allert de Lange, Amsterdam, S. 872 f.

Martens, Kurt: Schonungslose Lebenschronik. Bd. 1: 1870-1900. Wien (Rikola-Verlag) 1921, S. 139 u. 212

Krauß, Angela: Orte. In: Mit einem Reh kommt Ilka ins Merkur. Hg. von Frauke Hampel und Peter Hinke. Leipzig (Connewitzer Verlagsbuchhandlung) 2005, S. 191. Abdruck mit freundlicher Genehmigung von Angela Krauß.

*Graphisches Viertel – Alter Johannisfriedhof – Deutsche Natio-
nalbibliothek*

Piper, Reinhard: Mein Leben als Verleger. München (Piper) 1964,
S. 383

Reimann, Hans: Das Buch von Leipzig. München (Piper) 1929.
Reprint (Connewitzer Verlagsbuchhandlung) Leipzig 1995,
S. 144

Faßbaender, Brigitte: Clara Schumann in Leipzig. Zwischen Aufgabe und Hingabe. In: Die großen Leipziger. 26 Annäherungen.
Hg. v. Vera Hauschild. Frankfurt am Main und Leipzig (Insel)
1996, S. 282

Moltke, Siegfried: Bernhard Freiherr von Tauchnitz. In: Säch-
sische Lebensbilder. Hg. v. der Sächsischen Kommission für
Geschichte, Bd. 1. Dresden (Verlag von Wolfgang Jess) 1930,
S. 367

Christian Felix Weiße 1726-1804. Biographische Skizze und Werk-
auswahl von Anne-Katrin Mai. Sax-Verlag (Beucha) 2003, S. 9

Brockhaus, Heinrich: Aus den Tagebüchern. In fünf Theilen, zwei-
ter Theil. Leipzig (F. A. Brockhaus) 1887, S. 145 u.147

Völkerschlachtdenkmal – Russische Kirche

Loest, Erich: Völkerschlachtdenkmal. Leipzig (Linden Verlag)
1990, S. 53

Arndt, Ernst Moritz: Ein Wort über die Feier der Leipziger
Schlacht. 1814. In: Leipzig. Ein Städte-Lesebuch. Hg. v. Esther
Gallwitz. Frankfurt am Main (Insel) 1989, S. 471 f.

Griewank, Karl (Hg.): Gneisenau. Ein Leben in Briefen. Leipzig
(Koehler u. Amelang) 1939, S. 259

Carus, Carl Gustav: Lebenserinnerungen und Denkwürdigkeiten. Leipzig (Brockhaus) 1865, S. 120 u. 134

Rochlitz, Friedrich: Tage der Gefahr. Ein Tagebuch der Leipziger
Schlacht. Leipzig (Insel) 1912 und 1988, S. 21 f. u. 6

Fontane, Theodor: Von Zwanzig bis Dreißig. Autobiographisches.
In: Sämtliche Werke. A. a. O., S. 77 u. 78

Plagwitz

Dehmel, Richard: In: Kirstein, Gustav (Hg.): Die Welt Max Klingers. Berlin (Furche Verlag) 1917, S. 9

Rosental – Gohlis

Kirmeslied (anonym): In: Ebert, Willy: Gohlis. Aus der Geschichte eines Leipziger Vororts. Leipzig 1926, S. 50

Zachariä, Friedrich Wilhelm: Der Renommist. A. a. O., S. 77

Fleming, Paul: In: Ebert, Willy: Gohlis. Aus der Geschichte eines Leipziger Vororts. A. a. O., S. 46

Goethe, Johann Wolfgang: Sämtliche Werke, Bd. 14: Dichtung und Wahrheit. A. a. O., 1986, S. 304 f.

Seume, Johann Gottfried. In: Haarhaus, Julius R.: Leipziger Spaziergänge. Leipzig (Fr. Wilh. Grunow) 1903, S. 136

Maurer, Georg: Menschenwitze. In: Georg Maurers immerwährender Dreistrophenkalender umrahmt mit Bildern von zwölf Künstlern. Halle/Leipzig (Mitteldeutscher Verlag) 1979, S. 152. Abdruck mit freundlicher Genehmigung von Eva Maurer.

Das Schillerhaus in Leipzig-Gohlis. Stadtgeschichtliches Museum Leipzig. Leipzig 1998, S. 10

Schiller, Friedrich: Werke und Briefe, Bd. 1: Gedichte. Frankfurt am Main (Deutscher Klassiker Verlag) 1992, S. 248

Kippenberg, Katharina: Rainer Maria Rilke – Ein Beitrag. Leipzig (Insel) 1935, S. 53 f. u. 122 ff.

Reimann, Hans: Das Buch von Leipzig. Reprint (Connewitzer Verlagsbuchhandlung) Leipzig 1995, S. 53

Arx nova surrexit. Die Geschichte des Neuen Rathauses in Leipzig. Hg. v. Peter Leonhardt u. Thomas Nabert. Pro Leipzig 1998

Bennemann, Paul: Geschichtliche Wanderungen durch die Reichsmessestadt Leipzig. Ein Führer zu ihren Kulturdenkmälern. Leipzig (Quelle und Meyer) 1940

de Bruyn, Günter: Das Leben des Jean Paul Friedrich Richter. Halle (Mitteldeutscher Verlag) 1975

Das Buch zum Museum. Hg. v. Hans-Werner Schmidt. Museum der bildenden Künste Leipzig 2004. Bielefeld (Kerber Verlag)

Carlsohn, Erich: Lebensbilder Leipziger Buchhändler. Erinnerungen an Verleger, Antiquare, Exportbuchhändler, Gehilfen und Markthelfer. Meersburg (List und Franke) 1987

Czok, Karl: Die Nikolaikirche. Leipzig (Edition) 1992

Damm, Sigrid: Das Leben des Friedrich Schiller. Eine Wanderung. Insel Verlag (Frankfurt / Main u. Leipzig) 2004

Dießner, Petra / Anselm Hartinger: Bach, Mendelssohn und Schumann. Spaziergänge durch das musikalische Leipzig. Leipzig (Edition) 2005

Fellmann, Walter: Der Leipziger Brühl. Leipzig (Fachbuchverlag) 1989

Goethe, Johann Wolfgang: Sämtliche Werke, Bd. 14: Dichtung und Wahrheit Hg. v. Klaus-Detlev Müller. Frankfurt am Main (Deutscher Klassiker Verlag) 1986

Gormsen, Niels / Armin Kühne: Leipzig – Stadt des Wandels. Leipzig (Passage-Verlag) 2004

Heinker, Helge-Heinz: Leipziger Hauptbahnhof. Eine Zeitreise. Leipzig (Lehmstedt) 2005

Heise, Ulf: Ei, da ist ja auch Herr Nietzsche. Leipziger Werdejahre eines Philosophen. Beucha (Sax-Verlag) 2000

Heise, Ulla: Zu Gast im alten Leipzig. München (Hugendubel) 1996

Helbig, Herbert: Universität Leipzig. Frankfurt am Main (Weidlich) 1961

Hildebrandt, Irma: Provokationen zum Tee. Leipziger Frauenporträts. München (Eugen Diederichs Verlag) 1998

Hocquél, Wolfgang: Leipzig. Architektur von der Romanik bis zur Gegenwart. Leipzig (Passage-Verlag) 2004

Hocquél-Schneider, Sabine/Alberto Schwarz/Brunhild Vollstädt: Das Gohliser Schlösschen. Leipzig (Edition Leipzig) 2000

Der Insel Verlag 1899-1999. Die Geschichte des Verlags. 1899-1964 von Heinz Sarkowski. Chronik 1965-1999 von Wolfgang Jeske. Eingeleitet von Siegfried Unseld. Frankfurt am Main und Leipzig (Insel) 1999

Jetzt oder nie – Demokratie! Leipziger Herbst 89. Leipzig (Forum Verlag) 1989

Judaica Lipsiensia. Zur Geschichte der Juden in Leipzig. Leipzig 1994

Kästner, Erich: Der Karneval des Kaufmann. Gesammelte Texte aus der Leipziger Zeit 1923-1927. Hg. v. Klaus Schuhmann. Leipzig (Lehmstedt) 2004

Max Klinger. Bestandskatalog der Bildwerke, Gemälde und Zeichnungen im Museum der bildenden Künste Leipzig. Leipzig (Seemann) 1995

Knopf, Sabine/Volker Titel: Der Leipziger Gutenbergweg. Geschichte und Topographie einer Buchstadt. Beucha (Sax-Verlag) 2001

Krause, Konrad: Alma mater Lipsiensis. Leipzig (Universitätsverlag) 2003

Vom Kult zur Kulisse: Das Völkerschlachtdenkmal als Gegenstand der Geschichtskultur. Hg. v. Katrin Keller u. Hans-Dieter Schmid. Leipzig (Universitätsverlag) 1995

Lange, Bernd-Lutz: Jüdische Spuren in Leipzig. Leipzig (Forum Verlag) 1993

Lange, Bernd-Lutz: Dämmerschoppen. Geschichten von drinnen und draußen. Leipzig (Gustav Kiepenheuer Verlag) 1997

Leipzig als ein Pleißathen. Eine geistesgeschichtliche Ortsbestimmung. Hg. v. Axel Frey u. Bernd Weinkauf. Leipzig (Reclam) 1995

Leipzig Stadt der wa(h)ren Wunder. 500 Jahre Reichsmesseprivi-
leg. Hg. v. Stadtgeschichtlichen Museum Leipzig. Leipzig 1997

Das Leipziger Musikviertel. (Sammelband). Leipzig (Verlag im
Wissenschaftszentrum) o. J.

Das Leipziger Stadt- und Gewandhausorchester. Dokumente
einer 250-jährigen Geschichte. Zusammengestellt und bearbei-
tet von Claudius Böhm und Sven-W. Staps. Leipzig (Kunst und
Touristik) 1993

Das Literarische Leipzig. Kulturhistorisches Mosaik einer Buchstadt. Hg. v. Andreas Herzog. Leipzig (Edition) 1995

Die großen Leipziger. 26 Annäherungen. Hg. v. Vera Hauschild.
Frankfurt am Main und Leipzig (Insel) 1996

Loest, Erich: Völkerschlachtdenkmal. Roman. Leipzig (Linden-
Verlag) 1990

Ders.: Nikolaikirche. Roman. Leipzig (Linden-Verlag) 1995

Ders.: Reichsgericht. Roman. Leipzig (Linden-Verlag) 2001

Luther und Leipzig. Hg. v. Ekkehard Henschke u. Klaus Sohl.
Leipzig (Universitätsbibliothek) 1996

Mann, Klaus: Symphonie Pathétique. Ein Tschaikowski-Roman.
Berlin und Weimar (Aufbau) 1989

Die Familie Mendelssohn 1729-1847. Nach Briefen und Tagebüchern. Hg. v. Sebastian Hensel. Mit einem Nachwort v. Konrad
Feilchenfeldt. Frankfurt am Main und Leipzig (Insel) 2000

Meyer-Krahmer, Marianne: Carl Goerdeler – Mut zum Widerstand. Eine Tochter erinnert sich. Leipzig (Universitätsverlag)
1998

Michael, Friedrich: Der Leser als Entdecker. Sigmaringen (Jan
Thorbecke) 1983

Middell, Katharina: Hugenotten in Leipzig. Streifzüge durch Alltag und Kultur. Leipzig (Universitätsverlag) 1998

Mit einem Reh kommt Ilka ins Merkur. Leipziger Gedichte. Hg.
v. Frauke Hampel und Peter Hinke. Leipzig (Connewitzer Verlagsbuchhandlung) 2005

Naumann, Martin: Wende-Tage-Buch. Bildband mit Texten.
Leipzig (Militzke Verlag) 1998

Petzoldt, Martin: Bachstätten in Deutschland. Ein Reiseführer zu

Johann Sebastian Bach. Frankfurt am Main und Leipzig (Insel) 1999

Ders.: (Hg.) St. Thomas zu Leipzig. Leipzig (Evangelische Verlagsbuchhandlung) 2000

Plagwitz: Ein Leipziger Stadtteil im Wandel. Hg. v. Pro Leipzig. Leipzig 1999

Richter, Brigitte: Frauen um Felix Mendelssohn Bartholdy. In Texten und Bildern. Frankfurt am Main und Leipzig (Insel) 1997

Riedel, Horst: Stadtlexikon Leipzig von A-Z. Hg. v. Pro Leipzig. Leipzig 2005

Schnack, Ingeborg: Dr. phil. h. c. Katharina Kippenberg. In: Insel-Bücherei. Mitteilungen für Freunde. Hg. v. Jochen Lengemann. Nr. 16, September 1997. Insel Verlag Frankfurt / Main u. Leipzig

Schulze, Friedrich: Der deutsche Buchhandel und die geistigen Strömungen der letzten hundert Jahre. Leipzig (Im Verlag des Börsenvereins des Deutschen Buchhandels) 1925

Terry, Charles Sanford: Johann Sebastian Bach. Eine Biographie. Frankfurt am Main und Leipzig (Insel) 1999

Topfstedt, Thomas: Das Völkerschlachtdenkmal. Konzeption, Baugeschichte, Baugestalt. In: ».. . die ganze Welt im kleinen ...«. Kunst und Kunstgeschichte in Leipzig. Hg. v. Ernst Ullmann. Leipzig (Seemann) 1989, S. 248 ff.

Weinkauf, Bernd: Leipzig mit Goethes Augen. Beucha (Sax-Verlag) 1999

Witkowski, Georg: Geschichte des literarischen Lebens in Leipzig. Leipzig und Berlin (B. G. Teubner) 1909, Reprint 1994

Wustmann, Gustav: Aus Leipzigs Vergangenheit. Gesammelte Aufsätze. 3 Bände. Leipzig 1885-1909

Zänker, Eberhard: Georg Joachim Göschen. Buchhändler, Drucker, Verleger, Schriftsteller. Beucha (Sax-Verlag) 1996

Ders.: Johann Gottfried Seume. Eine Biographie. Leipzig (Verlag Faber & Faber) 2005

Namenregister (Auswahl)

Touristische Hinweise

Leipzig Tourist Service e. V.
Richard-Wagner-Straße 1, D-04109 Leipzig
Tel. (03 41)71 04-2 60/2 65 Fax (03 41)71 04-2 71/2 76
e-mail: info@LTS-leipzig.de

Museen, Bibliotheken,
Theater / Konzerte, Kirchen

Antikenmuseum der Universität Leipzig
Nikolaikirchhof 2. Tel. 9 73 07 00
Di-Do/Sa-So 12-17 Uhr
Bach-Museum im Bach-Archiv
Thomaskirchhof 16. Tel. 9 13 72 00
Täglich 10-17 Uhr
Deutsches Buch- und Schriftmuseum
in der Deutschen Nationalbibliothek
Deutscher Platz 1. Tel. 2 27 13 24
Mo-Sa 9-16 Uhr
Galerie für Zeitgenössische Kunst
Karl-Tauchnitz-Straße 11. Tel. 14 08 10
Di-Sa 14-19 Uhr, So 12-19 Uhr
Kunsthalle der Sparkasse
Otto-Schill-Straße 4a
Di-Fr 15-19 Uhr, Sa/So 10-16 Uhr
Mendelssohn-Haus
Goldschmidtstraße 12. Tel. 1 27 02 94
Tägl. 10-18 Uhr
Museum der bildenden Künste
Katharinenstraße 10. Tel. 21 69 90
Di/Do-So 10-18 Uhr Mi 12-20 Uhr
Museum für Angewandte Kunst im Grassimuseum
Johannisplatz 5-11. Tel. 2 22 91 00

Museum für Völkerkunde im Grassimuseum
Johannisplatz 5-11. Tel. 97 31 900
Di-So 10-18 Uhr

Musikinstrumentenmuseum der Universität Leipzig im Grassimuseum
Johannisplatz 5-11. Tel. 97 30 750
Di-So 10-18 Uhr

Museum für Druckkunst Leipzig
Nonnenstraße 38. Tel. 23162-0
Mo-Fr 10-17 Uhr, So 11-17 Uhr

Museum in der »Runden Ecke«
Dittrichring 24. Tel. 9 61 24 43
Mo-So 10-18 Uhr: Stasi – Macht und Banalität

Museum zum Arabischen Coffe Baum
Kleine Fleischergasse 4. Tel. 96 51 32
Tägl. 11-19 Uhr: 300 Jahre sächsische Kaffeekultur

Schillerhaus
Menckestraße 42. Tel. 5 66 21 70
Nov.-März: Mi-So 10-16 Uhr
April-Okt.: Di-So 10-18 Uhr

Schumann Haus
Inselstraße 18. Tel. 3 93 96 20
Mi-Fr 14-17 Uhr, Sa/So 10-17 Uhr

Stadtgeschichtliches Museum im Alten Rathaus
Markt 1. Tel. 96 51 30
Di-So 10-18 Uhr: Stadtgeschichte

Völkerschlachtdenkmal
Prager Straße 210. Tel. 8 78 04 71
Tägl. 10-16 Uhr

Zeitgeschichtliches Forum
Grimmaische Straße 6. Tel. 2 22 00
Di-Fr 9-18 Uhr, Sa/So 10-18: Zur Geschichte von Diktatur und Widerstand in der DDR

Haus des Buches / Literaturhaus Leipzig
Gerichtsweg 28. Tel. 9 95 41 34
Lesungen laut Monatsprogramm

- Deutsche Nationalbibliothek
  Deutscher Platz 1. Tel. 2 27 10
  Mo-Fr 8-22 Uhr, Sa 9-18 Uhr
- Universitätsbibliothek »Bibliotheca Albertina«
  Beethovenstraße 6. Tel. 9 73 05 77
  Mo-Fr 9-20 Uhr, Sa 10-19 Uhr
- Stadtbibliothek
  Wilhelm-Leuschner-Platz 10. Tel. 1 23 53 43
  Mo-Mi/Fr 10-19 Uhr, Do 13-19 Uhr, Sa 10-14 Uhr

- Schauspiel Leipzig und angeschlossene Spielstätten
  Bosestraße 1. Tel. 12 68-168
- Oper Leipzig
  Augustusplatz 12. Tel. 12 61 0
- Haus Dreilinden
  Dreilindenstraße 30. Tel. 12 61 19
  Diverse Spielstätten der Freien Szene
- Gewandhaus zu Leipzig
  Augustusplatz 8. Tel. 1270 280

- Thomaskirche
  Tägl. 10-18 Uhr
  Motetten des Thomanerchores:
  Fr 18 Uhr a cappella-Chormusik
  Sa 15 Uhr a cappella-Chormusik und Bach-Kantate
  (Bei Abwesenheit des Chores übernimmt ein Gastchor die
  Ausgestaltung)
- Nikolaikirche
  Tägl. 10-18 Uhr
  Mi 17 Uhr Musik und Besinnung
  Sa 17 Uhr Orgelmusik

Zu dieser Ausgabe

insel taschenbuch 3253: *Leipzig. Ein Reisebegleiter*. Von Werner Marx. Textgrundlage des vorliegenden Bandes ist das insel taschenbuch 2710: *Leipzig. Literarische Spaziergänge*. Von Werner Marx. © Insel Verlag Frankfurt am Main und Leipzig 2001. Umschlagfoto: Premium